C.H.BECK WISSEN

Besteht die Wirklichkeit ihrer allgemeinen Struktur nach aus Einzeldingen und ihren Eigenschaften oder aus Tatsachen oder Ereignissen? Haben wir einen Grund, universale Eigenschaften anzunehmen, oder existiert am Ende nur Einzelnes? Und wie ist die Konstitution von materiellen Einzeldingen zu erklären: Handelt es sich dabei um Bündel von Eigenschaften oder gibt es so etwas wie «Substanzen»? Sind alle grundlegenden Dinge einfach oder gibt es darunter auch genuin komplexe und zusammengesetzte Dinge?
Das Buch erörtert das Wesen metaphysischer Fragestellungen und gibt einen Überblick über die wichtigsten Kontroversen der philosophischen Metaphysik.

Christof Rapp ist Professor für Philosophie und Inhaber des Lehrstuhls für Antike Philosophie an der Ludwig-Maximilians-Universität München. Bei C.H.Beck ist von ihm erschienen: *Vorsokratiker* (^{2}2007) und *Wörterbuch der antiken Philosophie* (2002, zusammen mit Christoph Horn).

Christof Rapp

METAPHYSIK

Verlag C.H.Beck

Originalausgabe

Satz: Fotosatz Amann, Memmingen
Druck und Bindung: Druckerei C.H.Beck, Nördlingen
Umschlaggestaltung: Uwe Göbel, München
Printed in Germany
ISBN 978 3 406 66796 1

www.beck.de

Inhalt

Vorwort

Hinweis: Das folgende Bändchen behandelt die philosophische Teildisziplin der Metaphysik; wer die Ausdrücke *Metaphysik* oder *metaphysisch* mit Mystik, Esoterik und Übersinnlichem assoziiert, hat zum falschen Buch gegriffen. Metaphysik hat nichts mit unerklärlichen Phänomenen zu tun, sondern macht einen der Kernbereiche der argumentativen und rationalen Philosophie aus. Schon die frühesten griechischen Philosophen vertraten metaphysische Thesen, wenn sie etwa vom Ursprung des Kosmos sprachen. Metaphysische Fragen prägten die philosophische Tradition des Mittelalters und der Frühen Neuzeit. Und noch heute stellt die Metaphysik nach einem langen Auf und Ab von Kritik und Erneuerung metaphysischer Forschung einen der lebhaftesten und – in der Tat – wichtigsten Zweige der Philosophie dar.

Im Folgenden soll eine Übersicht über Fragen gegeben werden, die die Metaphysik heutzutage prägen – einschließlich der Frage, was überhaupt der Gegenstand und die Natur der Metaphysik sei. Zu diesem Zweck eignet sich eine sachlich-systematische Untergliederung besser als eine historische. Dennoch haben viele dieser Fragen eine Geschichte, die oft bis zu den Anfängen der Philosophie zurückreicht. *Ein* Anliegen dieser Einführung ist es zu zeigen, inwieweit Fragen und manchmal auch Lösungsansätze traditioneller Metaphysik bis in die heutige Diskussion hinein präsent sind. Die in dieser Reihe gebotene Kürze lässt es kaum zu, für einzelne metaphysische Positionen wirklich ausführlich und schlüssig zu argumentieren. Aus diesem Grund konzentriere ich mich darauf, an Beispielen vorzuführen, welche Art von Fragen die Metaphysik ausmachen und zu welcher Art von Kontroversen diese Fragen Anlass geben, ohne selbst eine eigene abschließende Antwort zu verteidigen (was nicht ausschließt, dass der Leser hier und da die theoretischen Präferenzen des Autors erahnen wird).

Die Zuständigkeit der philosophischen Metaphysik wird manchmal weiter und manchmal enger gefasst. Die Auswahl, die ich im Folgenden vornehmen muss, folgt dem pragmatischen Grundsatz, dass ich solche Themen übergehen werde, die sich zum Gegenstand von spezialisierten Forschungsbereichen entwickelt haben und daher im Prinzip Inhalt einer eigenen Einführung sein könnten (z. B. Philosophie des Geistes, Philosophie der Modalitäten, Religionsphilosophie).

Die gegenwärtige Debatte der Metaphysik wird zu großen Teilen in englischer Sprache geführt, was eine Vielzahl von englischen Fachausdrücken mit sich bringt. Aus Gründen der Wiedererkennbarkeit werde ich diese in der Regel anführen, versuche sie aber angemessen zu umschreiben oder «einzudeutschen».

Da manche Themenbereiche nur relativ kurz angesprochen werden können, verweise ich nachdrücklich auf die Empfehlungen zur weiterführenden Lektüre am Ende des Buches.

Für zahlreiche Hinweise und Korrekturen danke ich Katja Flügel und Christian Pfeiffer. Den Teilnehmern meiner Münchener Metaphysik-Veranstaltungen danke ich für Geduld und Anregungen.

Widmen möchte ich dieses Bändchen Linus, Gregor, Laura & Lorenz.

Christof Rapp September 2015

1. Was ist Metaphysik?

Was ist eigentlich Metaphysik? Eine genaue Definition der philosophischen Metaphysik zu geben, ist gar nicht so einfach. Klar ist, dass sich *Metaphysik* nicht dafür interessiert, wie wir handeln sollen oder worin das gute Leben besteht. Solche Fragen gehören zur *praktischen* Philosophie, Metaphysik hingegen ist ein Teil der *theoretischen* Philosophie. Theoretische Philosophie beinhaltet zum Beispiel die Erkenntnistheorie: Diese behandelt die Frage, wie wir Erkenntnis und Wissen von der Wirklichkeit haben können. Die Metaphysik hingegen behandelt nicht unser Wissen von der Wirklichkeit, sondern die Wirklichkeit selbst – und zwar nicht einzelne Teilbereiche der Wirklichkeit (so wie etwa die Zoologie und die Meteorologie Teilbereiche der Wirklichkeit, nämlich Tiere und das Wetter, behandeln), sondern die Wirklichkeit im Allgemeinen. Üblicherweise sagt man heute, die Metaphysik behandle *die allgemeinsten und grundlegenden Strukturen der Wirklichkeit.* Diese Formel ist für die meisten Metaphysiker akzeptabel, ist für sich genommen jedoch weder sonderlich klar noch wirklich informativ. Gemeint ist damit, dass die Metaphysik unter anderem danach fragt, aus welchen letzten Bestandteilen die Wirklichkeit als Ganze zusammengesetzt ist: Besteht die Welt aus einzelnen Gegenständen, aus Tatsachen, aus Ereignissen? Wahrscheinlich lässt sich die Natur metaphysischer Fragen am besten an Beispielen verdeutlichen.

1.1 Erstes Beispiel: Platons Ideen

Eine metaphysische Frage par excellence stellt Platon, wenn er untersucht, ob die sinnlich wahrnehmbare Welt die einzige Wirklichkeit ist oder ob es daneben oder darüber noch eine andere Art von Wirklichkeit gibt. Seine Antwort ist, dass die sinnlich wahrnehmbare Welt nicht alles sein kann, sondern dass es darüber hinaus noch ewige Formen oder *Ideen* geben muss, auch weil wir Ideen als Gegenstand von Definitionen brauchen. Wenn wir zum Beispiel definieren, was eine Biene ist, dann richtet sich die Definition nicht auf die eine oder andere Biene, sondern auf das, was allen Bienen gemeinsam ist: das Biene-Sein oder, wie Platon sagen würde, die *Idee der Biene*. Eine solche Idee müsse es geben, da es ja auch etwas gibt, was durch die Definition definiert wird. Da eine solche Idee mit keiner der einzelnen Bienen identisch ist, muss sie getrennt von den einzelnen Bienen existieren. Da wir diese Biene-neben-den-Bienen nicht wahrnehmen können, muss die Idee der Biene auf andere Weise, also gewissermaßen in einer nicht-wahrnehmbaren, nicht-materiellen Realität existieren. Wenn wir sie nicht mit den Sinnen wahrnehmen, müssen wir sie anders – nämlich mit dem Intellekt – erfassen. Daher kann man sagen, dass die Ideen in einer *intelligiblen* – nur durch den Intellekt zugänglichen – unveränderlichen Realität existieren. Dies sind die Grundzüge einer Position, die man als *Metaphysischen Platonismus* bezeichnet.

1.2 Zweites Beispiel: Existieren Zahlen?

Eine weitere klassische Frage der Metaphysik betrifft die Existenz von Zahlen. Zahlen sind nicht sinnlich wahrnehmbar und befinden sich an keinem bestimmten Ort (siehe 3.1). Dennoch gibt es gute Gründe für die Annahme, dass Zahlen irgendwie existieren. Zum Beispiel betrachten wir die Aussage «Es gibt eine Primzahl zwischen 5 und 11» als wahr. Wie könnte diese Aussage wahr sein, wenn es keine Zahlen gäbe? Als *Platonismus* (oder *Realismus*) mit Bezug auf Zahlen bezeichnet man die Auffassung, dass Zahlen als abstrakte Entitäten unabhängig von jeglichem Geist existieren. *Für* diese Position ließe sich anführen, dass wir uns Zahlen beim Rechnen nicht nur ausdenken, sondern sie als etwas unabhängig von uns Existierendes erfassen. Außerdem scheint es Zahlen außerhalb des menschlichen Geistes zu geben, etwa bei Naturkonstanten. *Gegen* diese Auffassung ließe sich aber einwenden, dass es dann nicht nur natürliche Zahlen, sondern auch rationale, reelle und komplexe Zahlen geben müsse und dass dies eine erhebliche Vermehrung der Dinge in der Welt darstelle.

Weniger radikal scheint der *Konzeptionalismus*, der behauptet, dass es Zahlen nur als etwas von unserem Geist Hervorgebrachtes gibt. Aber auch diese Auffassung hat ihre Schwierigkeiten: Wenn Zahlen von uns jeweils beim Rechnen hervorgebracht werden, ist dann die Sieben, mit der du rechnest, eine andere als die Sieben, mit der ich rechne? Und wenn gerade niemand an die Sieben denkt, hört die Sieben dann auf zu existieren? Zahlen sind, so nehmen wir an, unendlich, aber weder die Zahl der Köpfe noch ihre Kapazität ist unendlich – wie existieren dann die gerade nicht gedachten Zahlen?

Gegner der beiden genannten Positionen versuchen zu zeigen, dass man Zahlen auf andere Entitäten zurückführen (*reduzieren*) kann oder dass man Zahlen gar nicht braucht, um die Objektivität mathematischer Operationen zu gewährleisten. Was die erste Option angeht, so besteht ein möglicher Zug darin zu sagen, die Zahlen seien letztlich nichts anderes als Mengen: Die Zahl Sieben zum Beispiel lasse sich durch alle Gruppen oder Mengen mit sieben Elementen darstellen: die Menge der sieben Zwerge, der sieben Weltwunder, der sieben Hügel von Rom usw. Diese Gruppierungen sind weniger abstrakt und wirken für die Anti-Realisten daher weniger suspekt. Eine Gleichung wie «9 – 7 = 2» würde demnach nicht mehr besagen als: Wenn wir jedes Mitglied einer Neunergruppe je einem Mitglied einer Siebenergruppe zuordnen, dann blieben genau zwei Mitglieder übrig.

Eine populäre Position der gegenwärtigen Metaphysik würde dagegen behaupten, Zahlen seien eine Art von Fiktion (daher *Fiktionalismus*), weshalb es auch keinen Sinn mache zu fragen, welche Gegenstände die Zahlen der Gleichung «5 + 2 = 7» bezeichnen. Gleichwohl müsse man auf die mathematische Objektivität nicht verzichten, denn diese werde keineswegs durch die Existenz der Zahlen verbürgt. So wie es bei den Ergänzungsaufgaben eines Intelligenztests nur darauf ankomme, bestimmte Gesetzmäßigkeiten zu erfassen und richtig anzuwenden, so komme es auch bei mathematischen Gleichungen nur darauf an, die Gesetze der Arithmetik richtig anzuwenden, und nicht darauf, ob es die verwendeten Zahlen wirklich gibt.

1.3 Drittes Beispiel: Einfache und zusammengesetzte Gegenstände

Eine Kontroverse der gegenwärtigen Metaphysik bezieht sich auf die Frage, ob es unter den materiellen Einzeldingen nur einfache oder auch zusammengesetzte Gegenstände gibt. Auf den ersten Blick scheint sich hinter dieser Frage kein allzu großes Problem zu verbergen. «Natürlich gibt es zusammengesetzte Gegenstände», wird man sagen, denn viele Dinge, mit denen wir alltäglich zu tun haben (z. B. Fahrräder, Computer), bestehen aus vielen Teilen und sind daher zusammengesetzt. Aber wie sieht es mit folgendem Argument aus? Wir haben eine bestimmte Anzahl von Baumstämmen und binden diese zu einem Floß zusammen. Wenn wir die Baumstämme *floßartig* arrangieren, fügen wir der Welt nichts Neues hinzu; alle Baumstämme waren schon vorher vorhanden. Denn was macht das Floß zu einem einheitlichen Ding, das mehr wäre als die Summe der einzelnen Baumstämme? Dass sie sich berühren? Erstens könnte sich das während einer Floßfahrt schnell ändern und zweitens bilden nicht alle Dinge, die sich berühren, einen einheitlichen Gegenstand (bilde ich etwa einen einheitlichen Gegenstand mit dem Brandenburger Tor, wenn ich es an einer Stelle berühre?). Dass sie zusammengebunden sind? Nicht alles, was zusammengebunden ist, bildet eine Einheit (verschmelzen etwa die Briefe, die der Postbote zusammenbindet, zu einer Einheit?). Was zählt, könnte man daher sagen, sind allein die Einzelteile, aus denen das Floß besteht: die Baumstämme. Wenn das aber bei allen Dingen so ist, dann wären immer die einfacheren, nicht-zusammengesetzten Dinge die grundlegenderen, während die zusammengesetzten Dinge nur temporäre Arrangements, aber keine zusätzlichen und einheitlichen Gegenstände darstellten. Mit Argumenten dieser Art könnte man zu einer radikalen metaphysischen Position gelangen: Was letztlich existiert, das sind nur die einfachsten, nicht-zusammengesetzten Dinge. Die zusammengesetzten Dinge, mit denen wir im Alltag zu tun haben, sind lediglich *fahrradartig, computerartig* usw. *arrangierte* Anordnungen der einfachen Dinge.

1.4 Metaphysische Fragen

Den behandelten Beispielen zufolge haben es metaphysische Fragen unter anderem damit zu tun, ob die Wirklichkeit insgesamt nur aus sinnlich wahrnehmbaren Dingen besteht oder zusätzlich allgemeine Ideen oder Zahlen beinhaltet. Jedoch geht es bei metaphysischen Fragen nicht immer darum, ob etwas *neben* oder *über* der sinnlich wahrnehmbaren Welt existiert. Beispiel 1.3 bezog sich auf die Frage, ob sich die Welt in einfache und zusammengesetzte Gegenstände unterteilen lässt und welche von beiden Klassen die grundlegendere ist. Insgesamt kann man daher sagen: *Metaphysische Aussagen betreffen die Wirklichkeit als Ganze und betreffen allgemeine Züge der Wirklichkeit.* Der erste Teil dieser Bestimmung zielt darauf ab, dass die Metaphysik keinen Teilbereich der Wirklichkeit zum Gegenstand hat (so wie die Biologie den Bereich des Lebendigen, die Arithmetik den Bereich der Zahlen). Der zweite Teil der Bestimmung trifft eine Feststellung darüber, woraufhin denn die gesamte Wirklichkeit in der Metaphysik untersucht werden soll. Man könnte die gesamte Wirklichkeit auch auf eine eingeschränkte Fragestellung hin untersuchen, etwa im Hinblick auf die Frage, ob und inwiefern sie den Naturgesetzen unterliegt. Was genau tut man aber, wenn man die Wirklichkeit als Ganze auf ihre *allgemeinen Züge* hin untersucht?

In der Metaphysik ist der Begriff der *Kategorien* geläufig. Dieser Begriff erfuhr im Laufe der Philosophiegeschichte höchst unterschiedliche Prägungen, die uns für den Moment nicht zu interessieren brauchen. Entscheidend für die Charakterisierung der Metaphysik ist der Gedanke oberster *Seinsklassen* oder allgemeiner *Einteilungen des Seienden.* Stellen wir uns die Gesamtheit der Wirklichkeit als eine Art oberster und allgemeinster Klasse vor – nämlich als die Klasse von allem, was im weitesten Sinn des Wortes *ist* oder *existiert* oder, wie man auch sagt, als Klasse aller *Entitäten* (zu diesem Begriff siehe 1.7). Die Kategorien in dem für uns relevanten Sinn kann man sich dann als diejenigen Klassen vorstellen, die der Allgemeinheit nach entweder gleich an zweiter Stelle nach der obersten Klasse von allem Seienden kommen oder Unterklassen dieser obersten Kategorien darstellen. Die Verschiedenheit dieser Kategorien soll allein dadurch bedingt sein, dass es verschiedene Weisen gibt *zu sein* oder *zu existieren*. Das heißt nicht, dass das Wort *sein* oder *existieren* dabei eine jeweils andere Bedeutung annehmen würde. Es heißt nur, dass sich die Angehörigen unterschiedlicher Kategorien auf unterschiedliche Weise bzw. aufgrund unterschiedlicher Merkmale oder Kriterien als Seiendes oder Existierendes qualifizieren.

Bei Platons Ideenlehre hatten wir gesehen, dass Platon die Ideen und die Gegenstände der sinnlich wahrnehmbaren Welt anhand von Kriterien wie ewig/vergänglich, allgemein/einzeln, intelligibel/materiell gegenüberstellt. Man könnte sagen, dass er damit verschiedene Mengen von Merkmalen bestimmt, aufgrund derer das Seiende teils als Ideen, teils als wahrnehmbare Einzeldinge existiert. Bei der Diskussion um zusammengesetzte Gegenstände hatten wir gesehen, dass Dinge danach eingeteilt werden, ob sie einfach oder zusammengesetzt sind. In beiden Fällen haben wir es also mit Beispielen unterschiedlicher metaphysischer Kategorien zu tun.

Dass metaphysische Aussagen die Wirklichkeit *ihren allgemeinen Zügen nach* betreffen, kann man also dahingehend verstehen, dass sie die Wirklichkeit mit Hilfe solcher allgemeinen Kategorien untergliedern und strukturieren. In einem ähnlichen Sinn sagt Peter van Inwagen, metaphysische Aussagen hätten hinreichend generell in dem Sinn zu sein, dass sie über Kategorien wie physikalische Dinge, räumliche Objekte, Teile, Eigenschaften usw. gemacht werden. Die Zahl der Kategorien und deren Untergliederung sind in keiner Weise vorgegeben; verschiedene metaphysische Theorien machen in der Regel unterschiedliche Kategorien geltend. Die traditionelle Metaphysik kannte Kategorien wie Substanz, Qualität, Quantität usw.; in der modernen Metaphysik geht es meistens um Kategorien wie materielles Einzelding, Eigenschaft, Sachverhalt, Ereignis, Teil,

Ganzes, Zahl usw. Diese Liste ist vorläufig und kann jederzeit ergänzt oder revidiert werden. Allen metaphysischen Kategorisierungen der Wirklichkeit als Ganzer ist jedoch gemeinsam, dass sie begriffliche Modelle anbieten, die verschiedene Weisen, zu existieren und Teil der Wirklichkeit zu sein, unterscheiden. *Metaphysische Aussagen*, so viel kann man jetzt schon sagen, *beziehen sich auf die Wirklichkeit als Ganze im Hinblick auf ihre allgemeinsten Kategorien.*

Die Unterteilung der Wirklichkeit in solche Kategorien ist meistens nur ein Zwischenschritt, insofern eine vornehmliche Aufgabe der metaphysischen Theoriebildung gerade darin besteht, verschiedene Kategorien zueinander in Beziehung zu setzen. Beispiel: Eine metaphysische Theorie, die (nur) zwischen allgemeinen Eigenschaften (z. B. Kahlköpfigkeit) und Einzeldingen (z. B. Sokrates) unterscheidet, könnte zusätzlich zu der Behauptung, dass sich die Wirklichkeit ausschließlich aus Eigenschaften und Einzeldingen zusammensetzt, die Behauptung aufstellen, dass alles, was zur Kategorie der Eigenschaften gehört, mindestens von einem Ding aus der Kategorie der Einzeldinge metaphysisch abhängig ist. Durch ein solches In-Beziehung-Setzen der unterschiedenen Kategorien schlagen die entsprechenden metaphysischen Theorien nicht nur eine mögliche Unterteilung der Wirklichkeit, sondern auch eine bestimmte Strukturierung derselben vor. Dies kann zu mehr oder weniger strukturierten Modellen der Wirklichkeit führen:

Abb. 1

Abb. 2

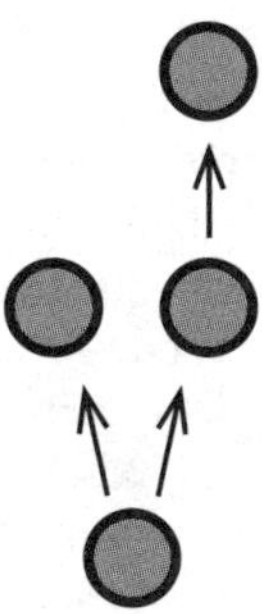

Abb. 3

Ein Grenzfall wäre eine metaphysische Theorie, die nur eine einzige Kategorie annimmt (Abb. 1) und zeigt, dass alles, was wirklich ist oder existiert, letztlich auf Dinge dieser einen Kategorie zurückgeführt werden kann. Eine mäßig strukturierte Theorie (Abb. 2) wäre eine, die zwar eine überschaubare Anzahl von Kategorien unterscheidet, diese aber nur nebeneinanderstellt, ohne irgendwelche Beziehungen zwischen den verschiedenen Kategorien oder deren Angehörigen geltend zu machen. Stärker strukturierte Modelle wären solche, die einerseits verschiedene Kategorien unterscheiden und andererseits zwischen grundlegenden und in unterschiedlicher Weise abhängigen Kategorien unterscheiden (Abb. 3). In diesem Sinn kann man sagen: *Metaphysische Aussagen beziehen sich auf die Wirklichkeit als Ganze – und zwar im Hinblick auf ihre allgemeinsten Kategorien und ihre grundlegenden Strukturen* (siehe auch Kap. 8).

1.5 Gegenstand und Name der Metaphysik nach Aristoteles

Die Bezeichnung und das Forschungsprogramm der Metaphysik sind aufs Engste mit dem Namen des Aristoteles verknüpft. Er ist der Verfasser eines aus vierzehn Einzelbüchern bestehenden Werks, dem wahrscheinlich erst der antike Herausgeber der Aristotelischen Schriften, ein Mann namens Andronikos von Rhodos, den Titel *Metaphysik* gab (Aristoteles selbst benutzt den Ausdruck jedenfalls nicht). Im Griechischen lautet der Titel *ta meta ta physika* – wörtlich übersetzt: «das, was *nach* den natürlichen Dingen» kommt. Natürliche Dinge sind für Aristoteles veränderlich und vergänglich. Was *nach* den natürlichen Dingen kommt, wäre demnach das Unveränderliche und Unvergängliche. Offenbar hielt man dies irgendwann für eine zutreffende Beschreibung des Gegenstands der Metaphysik, da sich diese zeitweise besonders mit dem Unveränderlichen und Unvergänglichen (z. B. Ideen, Zahlen, Gott) beschäftige, und führte so den (nach-aristotelischen) Titel des Aristotelischen Werks als Bezeichnung für die entsprechende philosophische Teildisziplin ein.

Nun befasst sich Aristoteles' Werk tatsächlich auch mit Unvergänglichem, der Großteil des Werkes beschäftigt sich aber durchaus auch mit veränderlichen und vergänglichen Dingen. Auf Letzteres scheint der Titel «Was *nach* den natürlichen Dingen kommt» aber nicht so recht zu passen. Das mag einer der Gründe sein, warum immer wieder Gerüchte über einen anderen Ursprung des Titels die Runde machen. Beliebt ist vor allem die editorische Deutung, wonach die Schrift *Metaphysik* in der Edition und Anordnung des Herausgebers Andronikos *nach* den Schriften über die natürlichen Dinge, also *nach* Aristoteles' Buch *Physik* (*ta physika*), eingeordnet war. Vielen scheint eine solche prosaische Deutung des Titels wohl deshalb attraktiv, weil sie davon ausgehen, dass Metaphysik für uns ebenso wie für Aristoteles nicht nur eine Beschäftigung mit dem Unveränderlichen, sondern mit der gesamten Wirklichkeit beinhaltet.

Auch ungeachtet dieser verworrenen Geschichte um die Bezeichnung *Metaphysik* besteht ein nicht unwesentlicher Bezug zwischen der Disziplin Metaphysik und dem gleichnamigen Buch des Aristoteles. Er bringt in dieser Schrift nämlich als Erster auf den Begriff, was Philosophen tun, wenn sie Metaphysik betreiben. Genau genommen gibt er davon sogar zwei verschiedene, auf den ersten Blick sogar konkurrierende Beschreibungen, die sich für unterschiedliche Ausrichtungen der Metaphysik als Orientierung anbieten. Zum einen sagt er nämlich, er suche nach den *ersten Ursachen und Prinzipien*. Formuliert man das Ziel der Metaphysik in Anlehnung an diese Bemerkung, dann hat es Metaphysik mit den *ersten,* im Sinne von *grundlegenden,* Dingen zu tun sowie mit dem Phänomen, dass bestimmte Dinge *grundlegender* sind als andere. Die entsprechende Idee ist etwa die: Wenn es zum Beispiel die Kahlköpfigkeit des Sokrates nicht ohne Sokrates geben kann oder wenn es die Kahlköpfigkeit des Sokrates nur gibt, *weil* es Sokrates gibt, dann ergibt sich hieraus ein Sinn, in dem Sokrates *grundlegender* ist als seine Kahlköpfigkeit. Man könnte also sagen, dass ein so verstandenes Projekt an einer bestimmten Art von *Priorität* orientiert ist, insofern nämlich die grundlegenden Dinge metaphysisch *prioritär* sind. Im Hintergrund steht die Idee, dass die in dem Buch *Metaphysik* entfaltete Wissenschaft insofern die grundlegende Wissenschaft sein soll, als sie sich nicht mit untergeordneten und abhängigen Dingen befasst, sondern mit solchen, die selbst metaphysisch prioritär und grundlegend sind.

Aristoteles sagt jedoch auch, er wolle *das Seiende als Seiendes* bzw. *das Seiende, insofern es ist*, untersuchen. Es gehe nicht darum, Seiendes zu untersuchen, etwa insofern es lebendig (das wäre Sache der Biologie) oder insofern es bewegt ist (das wäre Sache der Physik), sondern genau insofern es seiend ist. Da nun alles, was es gibt, seiend ist, und da das Seiende nur im Hinblick auf sein Seiend-Sein untersucht werden soll, zielt dieses Projekt darauf ab, die Wirklichkeit in ihrer Ganzheit und ihren allgemeinen Zügen nach zu erfassen (siehe 1.4). Nach diesem Ansatz wäre Aristoteles' Metaphysik nicht auf Priorität, sondern auf Allgemeinheit oder *Generalität* aus. Hier steht im Hintergrund die Idee, dass die in dem Buch *Metaphysik* entfaltete Wissenschaft insofern die grundlegende Wissenschaft sein soll, als sie die *gesamte* Wirklichkeit umfasst. Und die gesamte Wirklichkeit ist eben die Summe all dessen, was ist bzw. *seiend* ist.

1.6 Alte und neue Metaphysik

Einige der Fragestellungen, die im vorliegenden Bändchen behandelten werden, beschäftigen die Metaphysik schon seit ihren Anfängen. So waren die Fragen nach der Substanz (siehe Kap. 5) oder nach der Existenz von Universalien (siehe Kap. 3) in Antike und Mittelalter nicht weniger präsent als heute. Andere Fragestellungen, die ehemals wichtig waren, sind von der Agenda der modernen Metaphysik weitgehend verschwunden, etwa die Untersuchung der sogenannten «Transzendentalien» *eines*, *gut* usw. Auch gehörte das Projekt, die Existenzbedingungen einer göttlichen Substanz auf rationale Weise auszuloten, lange Zeit zu den Kernanliegen der Metaphysik, spielt jedoch in der gegenwärtigen metaphysischen Diskussion keine zentrale Rolle mehr. Außerdem gibt es traditionelle metaphysische Themen, die im Zuge der Ausdifferenzierung philosophischer Forschung zu eigenen Forschungsprojekten weiterentwickelt wurden. Ein wichtiges Beispiel stellt die Frage nach dem Unterschied von geistigen/mentalen und materiell/körperlichen Entitäten dar: Gibt es neben dem rein Körperlichen noch etwas anderes, das denken, fühlen, handeln kann? Grundsätzlich ist das eine gute und seit langem erörterte metaphysische Frage, die heute aber überwiegend in der *Philosophie des Geistes* behandelt wird; diese enthält sowohl genuin metaphysische als auch empirische, an die modernen Kognitionswissenschaften angelehnte Komponenten (Ähnliches gilt für die Fragen nach dem freien Willen oder nach der Identität von Personen). Ein weiteres Beispiel ist die philosophische Behandlung der Naturgesetze, die sich zwar eng an die metaphysische Frage nach der Kausalität anschließt, heute aber vorwiegend in der Wissenschaftstheorie behandelt wird. Die Frage nach der Existenz von Raum und Zeit gehört einerseits zur Metaphysik, wird heute aber bevorzugt auch in den Physik-nahen Teilen der Naturphilosophie diskutiert usw.

Andere Themen haben erst in der neueren Metaphysik Beachtung gefunden, wie die systematische Untersuchung von Ereignissen (siehe 7.1), von partikulären Eigenschaften und Eigenschaftsbündeln (siehe 3.4 bis 3.5), von Sachverhalten und Tatsachen (siehe Kap. 4) sowie die Ontologie der *powers* (siehe 7.3). Auch wenn einige dieser Themen erst in den letzten Jahrzehnten und Jahren intensiver erforscht wurden, fügen sie sich problemlos in das Konzept einer Metaphysik, die die Aufgabe hat, die obersten und grundlegenden Kategorien des Seienden zu explorieren. Dies gilt auch für ein Thema, das einen wichtigen Teil der modernen Metaphysik ausmacht, das aber aus Platzgründen in diesem Bändchen keine Berücksichtigung finden kann: die Metaphysik der Modalitäten, die die notwendigen und möglichen Entitäten untersucht und insbesondere auch Theorien möglicher Welten diskutiert.

Traditionelle und moderne Metaphysik unterscheiden sich oft weniger hinsichtlich der Themen als hinsichtlich des Anspruches. Aristoteles und die Aristotelische Tradition haben die Metaphysik als Master-Disziplin angesehen, ohne die den anderen Wissenschaften gewissermaßen das Fundament fehlen würde. Dieser Anspruch wurde von Seiten der sich emanzipierenden Naturwissenschaften und der modernen Philosophie zu Recht immer wieder kritisiert. Nun zielt die Metaphysik auch heute noch darauf ab, Aussagen über die Gegenstände aller anderen Wissenschaften zu machen; sie kann z. B. die Wissenschaften begleiten, deren allgemeine Annahmen über die Wirklichkeit aufdecken, organisieren und in Form verschiedener metaphysischer Modelle systematisieren. Jedoch beanspruchen die meisten heutigen Metaphysiker damit nicht mehr, dass die Forschung und der Fortschritt in diesen Wissenschaften unmittelbar von so etwas wie einer metaphysischen Grundlegung abhängig wären.

1.7 Metaphysisches Vokabular

Wie jede wissenschaftliche Disziplin hat auch die Metaphysik ein eigenes Vokabular geprägt. Damit wollen wir uns nicht lange aufhalten, die Einführung einiger weniger Vokabeln scheint aber dennoch nützlich.

Weil die Metaphysik eine *allgemeine* Theorie der Wirklichkeit zu geben verspricht, ist es nützlich, ein Wort zu haben, mit dem man auf ausnahmslos *alles* Bezug nehmen kann, was es gibt. Das ist der Grund, warum die Metaphysik so viel vom *Seienden* spricht (siehe 1.5 und 2.1). Anstelle des im Deutschen gekünstelt wirkenden Ausdrucks *Seiendes* behilft man sich manchmal mit *Ding* oder *Sache* – aber diese Ausdrücke sind vielleicht einschränkender, als man zunächst denkt: Es gibt zum Beispiel keinen guten Grund, ein Fußballspiel oder die Farbe Rot von vornherein aus dem Bereich des Seienden auszuschließen, aber würde man von ihnen sagen, es seien *Dinge* oder *Sachen*? Oft verwenden wir diese Ausdrücke nämlich mit der impliziten Einschränkung, dass es sich dabei um *zählbare* Dinge oder um etwas *Gegenständliches* handelt. Die philosophische Terminologie behilft sich daher mit dem Kunstwort *Entität* (von lat. *ens* – seiend): Alles, was ist oder möglicherweise ist, ist eine *Entität* – die Klasse der Entitäten ist die allumfassende Klasse schlechthin.

Metaphysiker sprechen oft von *Individuierung* oder davon, wie ein Ding zu *individuieren* ist. Man fragt dabei nach den Bedingungen, unter denen etwas als eine *einzelne* Entität zählt. In einem ähnlichen Zusammenhang ist häufig von der *Identität* einer Sache die Rede: Handelt es sich bei etwas um *ein und dieselbe* Sache oder handelt es sich um *verschiedene* Dinge oder Entitäten? Es besteht die verbreitete Vorstellung, dass wir, wenn wir von einer Entität oder einer Klasse oder Kategorie von Entitäten sprechen, auch in der Lage sein sollten zu sagen, unter welchen Bedingungen diese Entität als *identisch* angesehen werden kann (was gerne mit dem von Willard Van Orman Quine geprägten Slogan *No entity without identity* ausgedrückt wird). Oft wird angenommen, dass unterschiedliche Arten von Dingen mit verschiedenen derartigen *Identitätsbedingungen* verbunden sind: Eine Menge etwa ist identisch, wenn alle ihre Elemente dieselben sind, ein Organismus dagegen ist identisch, wenn er kontinuierlich bestimmte vitale Funktionen ausführt. Häufig ist von der *diachronen Identität* die Rede (siehe 5.6), d. h. von der Frage, ob etwas über Zeitspannen hinweg identisch ist: Ist die Person, die heute die Zeitung bringt, noch dieselbe wie die, die gestern die Zeitung brachte? Im Zusammenhang mit der Identität verwendet man häufig einen metaphysischen Grundsatz, der manchmal als *Leibniz' Gesetz*, manchmal als *Prinzip der Ununterscheidbarkeit des Identischen* bezeichnet wird: Was auch immer identisch ist, muss ununterscheidbar sein, d. h. dieselben Eigenschaften, Merkmale oder Attribute haben. Etwas ist *numerisch identisch*, wenn es sich nur um eine einzige Entität handelt; dagegen sagt man, Dinge seien *qualitativ identisch*, wenn eine beliebige Anzahl von numerisch verschiedenen Dingen dieselbe Qualität oder Eigenschaft aufweisen, sich also in einer solchen Hinsicht *ähnlich* sind.

2. Ontologie

Ontologie ist die Lehre vom Seienden. Die allgemeine und systematische Untersuchung des Seienden und der Existenz ist ein Teil der Metaphysik, manche Philosophen aber setzen Metaphysik im Allgemeinen mit einer Art von Ontologie gleich. Der Unterschied zwischen Ontologie und Metaphysik ist somit oftmals wenig trennscharf. Nach einem traditionellen Verständnis beschreibt *Ontologie* (auch wenn der Begriff jüngerer Prägung ist) das Projekt, das Aristoteles als die Untersuchung *des Seienden als Seiendes* beschrieben hat (siehe 1.5). Nach dem modernen Verständnis ist die Ontologie dafür zuständig zu ermitteln, welche Dinge (oder welche allgemeinen Typen, Klassen oder Kategorien von Dingen) existieren und was es überhaupt heißt zu existieren. Ein anderes Betätigungsfeld der Ontologie betrifft «die Ontologie dieser oder jener Theorie», womit man die Frage meint, welche Existenzannahmen eine bestimmte Theorie machen muss. In diesem Sinn macht zum Beispiel das Standardmodell der Elementarteilchenphysik Annahmen über die Existenz von subatomaren Teilchen, die Sozialwissenschaft macht Annahmen über die Existenz bestimmter sozialer Phänomene usw. (siehe 2.4).

2.1 Die Untersuchung des Seienden

Was tut man genau, wenn man *das Seiende* untersucht? Für den Metaphysiker, der eine umfassende Theorie der Wirklichkeit anstrebt, ist der Begriff des Seienden interessant, weil er *alles* zu umfassen scheint: alles oder alles, was es gibt, *ist* oder ist *seiend*. Hält man sich an den Ausdruck *seiend* selbst, dann ist man zunächst mit den unterschiedlichen Bedeutungen konfrontiert, die dieser Ausdruck in den natürlichen Sprachen annehmen kann. Wir würden heute mindestens drei Funktionen des Wörtchens *ist* unterscheiden, die sich an folgenden drei Sätzen illustrieren lassen:

(1) Gott *ist*.
(2) Tullius *ist* Cicero.
(3) Cicero *ist* ein Philosoph.

Satz (1) klingt etwas gezwungen, doch bezeichnet das hier enthaltene *ist* klarerweise die Existenz, so wie in Descartes' berühmtem «Ich denke, also *bin* ich» das Wörtchen *bin* die Existenz meint. Im Deutschen drückt man solche Existenzaussagen häufiger mit *es gibt* aus. In Satz (2) steht vor und hinter dem *ist* je ein singulärer Ausdruck, der auf jeweils einen einzelnen Gegenstand referiert, während in Satz (3) nach dem *ist* ein genereller Ausdruck folgt. Ein solches Prädikat referiert nicht auf einen Gegenstand, sondern trifft auf den durch den Subjektausdruck bezeichneten Gegenstand zu oder nicht zu. Satz (2) ist somit eine Identitätsaussage, während es sich nur bei Satz (3) um eine echte prädikative Aussage handelt. Entsprechend ist in Satz (2) *ist* ein Zeichen für die Identität, während es in Satz (3) als Kopula ein Zeichen für die Prädikation ist. Damit zeigt sich, dass *ist* bzw. *sein* (mindestens) drei logisch distinkte Verhältnisse anzeigen kann.

Es wird deutlich, dass die unterschiedlichen Funktionen und Bedeutungen des Wörtchens *sein* das Projekt einer Wissenschaft vom *Seienden* grundsätzlich in Frage stellen können. Hat zum Beispiel das *Sein* der Kopula irgendetwas mit dem *Sein* der Existenz gemeinsam? Und kann die Kopula in manchen Sprachen nicht ganz wegfallen oder durch ein Sprachzeichen ersetzt werden, das nichts, aber auch gar nichts mit dem Sprachzeichen für Existenz zu tun hat? Schon Gottlob Frege spricht daher von einer «Vergötterung der Kopula» in der Metaphysik und Rudolf Carnap begründet seinen programmatischen Angriff auf die Metaphysik von 1932 u.a. mit der genannten Mehrdeutigkeit. Um das traditionelle Vorhaben einer Wissenschaft vom Seienden zu retten, müsste man nachweisen, dass die verschiedenen Bedeutungen in einem systematischen Zusammenhang stehen. In der Aristoteles verpflichteten Tradition der Metaphysik wird dies durch den Nachweis versucht, dass es eine grundlegende Bedeutung von *seiend* gibt – das sei das Sein der selbstständig existierenden Substanzen, von der alle anderen Verwendungen des Wortes abhängig sind. Die Geschichte der neueren Metaphysik hat aber einen ganz anderen Weg eingeschlagen und sich auf einen einzigen Sinn von *sein* und *seiend* konzentriert, der hinreichend eindeutig schien: den der Existenz.

2.2 Existenz

Existenzfragen stellen wir immerzu: Gibt es UFOs? Existieren Higgs-Teilchen? Alltägliche Existenzfragen werden oft im Hinblick auf einen bestimmten Bereich und nicht im Hinblick auf die Wirklichkeit überhaupt gestellt: Die Frage «Gibt es noch Eiswürfel?» meint meistens nicht, ob es irgendwo in der Welt Eiswürfel gibt, sondern ob es zu einem bestimmten Zeitpunkt Eiswürfel an einem bestimmten Ort – zum Beispiel in meinem Eisfach – gibt. Metaphysische Existenzfragen dagegen werden ohne Einschränkung und mit Blick auf allgemeine Kategorien gestellt (siehe 1.4). In der Regel sind Existenzfragen alles andere als trivial; vielmehr enthält die Beantwortung von Existenzfragen Informationen, durch die wir etwas über die Welt oder einen größeren oder kleineren Ausschnitt der Welt lernen. Die Beantwortung von Existenzfragen kann das Ergebnis eines langwierigen Forschungsprozesses sein oder eine wissenschaftliche Entdeckung zum Ausdruck bringen.

Während wir allein aufgrund des Begriffs «Junggeselle» und ohne dafür empirische Nachforschungen in der Welt anstellen zu müssen, verstehen, dass es sich dabei um eine unverheiratete männliche Person handelt (man sagt, so etwas sei *analytisch* wahr), können wir Existenzfragen wie «Gibt es Junggesellen auf dieser Party?» in der Regel nicht durch Begriffsanalyse, sondern nur durch entsprechende Nachforschungen in der Welt beantworten (entsprechend ist die Aussage, dass es Junggesellen gibt oder nicht gibt, *synthetisch* und nicht analytisch).

Eine klassische Kontroverse um den Existenzbegriff betrifft die Frage, ob Existenz ein Prädikat sei. Diese entwickelte sich im Ausgang von dem Gottesbeweis, den Anselm von Canterbury vorgebracht hatte. Nach diesem Beweis sei Gott ein Wesen, über das hinaus nichts Größeres gedacht werden kann. Kurz: Gott sei das vollkommenste aller Wesen. Welche Merkmale muss so ein vollkommenes Wesen aufweisen? Es scheint, dass das vollkommenste aller Wesen wirklich, also existent, sein muss, denn ein nicht-wirkliches-sondern-nur-gedachtes Wesen wäre deutlich unvollkommener als ein wirkliches. Wenn Gott also ein vollkommenes Wesen ist, dann muss er auch wirklich sein, das heißt: er muss existieren. Wenn nun aber unsere Überlegungen zum nicht-analytischen Charakter von Existenzaussagen richtig sind, dann kann an diesem Argument etwas nicht stimmen, denn die Existenz wird hierin gewissermaßen aus den begrifflichen Merkmalen eines vollkommenen Wesens gefolgert.

Immanuel Kant hat das verbreitete Unbehagen an Anselms Beweis als Erster auf die Formel gebracht, dass *existieren* kein «reales Prädikat» sei. Wer sagt, dass Gott existiert, der setze kein neues Prädikat zum Begriff Gottes hinzu (so wie man die Prädikate *allmächtig*, *gütig* usw. zum Gottesbegriff hinzusetzen könnte); vielmehr sage man damit etwas über einen Gegenstand, der alle Prädikate aufweist, die den Gottesbegriff ausmachen. Ein ähnlicher Gedanke hat durch die Überlegungen von Gottlob Frege den Weg in die Logik und Metaphysik der Gegenwart gefunden. Frege unterscheidet zwischen Merkmalen und Eigenschaften von Begriffen. Nehmen wir den Begriff des Engels. Dieser ist, sagen wir, durch die Merkmale «von Gott geschickt», «geflügelt», «überirdisch» bestimmt. Was auch immer als Engel zählen bzw. unter diesen Begriff fallen soll, muss die entsprechenden Charakteristika aufweisen. Neben diesen *Merkmalen* des Engelsbegriffs gibt es nun auch noch *Eigenschaften* eines Begriffs, nämlich solche, die die Frage betreffen, wie viele Gegenstände, wenn überhaupt, unter einen Begriff fallen. Die *Eigenschaften* des Begriffs tragen nicht zur Bestimmung desselben bei, vielmehr hat es nur bei einem hinreichend (durch Merkmale) bestimmten Begriff Sinn, nach solchen Eigenschaften zu fragen. Wenn wir daher nach der Existenz von Engeln fragen, interessieren wir uns nicht für irgendwelche *Merkmale* des Engelsbegriffs, sondern dafür, ob es Gegenstände gibt, die unter diesen Begriff fallen. In diesem Sinn kann man mit Frege auch sagen, Existenz sei die Verneinung der Null-Zahl. Das heißt: Wer etwa die Existenz von Engeln behauptet, der verneint, dass es null Gegenstände gibt, die unter den Begriff des Engels fallen.

Frege erörtert auch die Frage, ob es möglich sei, den Satz «A existiert» durch Formulierungen wie «A ist erfahrbar», «A ist nicht nur eine Halluzination» usw. zu paraphrasieren. Frege lehnt alle diese Paraphrasen ab, weil sie versuchen, Dinge zu klassifizieren, d. h. in eine von mindestens zwei Klassen zu bringen: etwa in die Klasse des Erfahrbaren und in die Klasse des Nicht-Erfahrbaren. Das würde darauf hinauslaufen zu sagen, *es gebe* einerseits Dinge, die existieren, und *es gebe* andererseits Dinge, die nicht existieren – was natürlich ein glatter Widerspruch wäre. Aus Freges Sicht führt daher jeder Versuch, dem Wort *existieren* eine klassifizierende oder prädikative Funktion zu geben, zu solchen Widersprüchen. *Existieren* ist für ihn daher kein Prädikat (erster Stufe) und kann daher auch nicht von einem Einzelding ausgesagt werden.

In der modernen Prädikatenlogik wird einer solchen Auffassung von Existenz Rechnung getragen, insofern *existieren* gerade nicht wie ein Prädikat, sondern als ein sogenannter *Quantor* behandelt wird. «Es gibt Engel» oder «Engel existieren» wird formalisiert als «$\exists x$ (x ist ein Engel)» (sprich: «Es gibt mindestens ein x, das ein Engel ist»), «Es gibt keine Engel» als «$\neg\exists x$ (x ist ein Engel)» (sprich: «Es gibt kein x, das ein Engel ist»). *Engel* ist hier ein Prädikat, *existieren* ist ein Quantor. Dass *existieren* kein Prädikat ist, kann somit gewissermaßen als moderne Standardauffassung gelten. Sie bewahrt uns davor, sagen zu müssen, dass es Dinge gibt, die nicht existieren. – Und doch gibt es auch Einwände und Bedenken, denn irgendwie sind wir ständig, ontologisch vorsichtig ausgedrückt, von Dingen umgeben, die nicht existieren: verlässliche Politikerversprechen, sichere Renten, ewige Treue, das Perpetuum mobile, Moby Dick, Spiderman. Wohin mit all dem Nicht-Existierenden?

2.3 Gibt es Nicht-Existierendes?

Das Phänomen des Nicht-Seienden und Nicht-Existierenden hat die Philosophen schon immer beschäftigt. In der antiken Philosophie tauchte immer wieder die Frage auf, ob man sich mit negativen Prädikationen («Platon ist nicht Kreter, also ist er Nicht-Kreter-Seiendes, also gibt es Nicht-Seiendes») oder mit der Annahme von Leerem («Leer ist, was aus nichts, d. h. aus Nicht-Seiendem, besteht. Also gibt es Nicht-Seiendes») auf die Existenz von Nicht-Existierendem verpflichtet. Beide Beispiele brauchen uns heute nicht mehr zu erschrecken. Bei negativen Prädikationen der Form «*a* ist nicht *F*» ist nämlich überhaupt kein Nicht-Existierendes im Spiel, denn wir behaupten damit lediglich, dass das Prädikat *F* auf *a* nicht zutrifft. Ebenso verstehen wir unter dem Leeren etwas Existierendes, nämlich einen Raum, auf den (grob gesagt) zutrifft, dass er keine Materie enthält. Viele Sorgen, die das Nicht-Existierende betreffen, erwiesen sich daher als unbegründet oder beruhten auf der noch nicht hinreichend vollzogenen Unterscheidung von existentialem und prädikativem Gebrauch von *ist* (siehe 2.1).

Welche Gründe könnte man heute noch haben, um sich für die Existenz von Nicht-Existierendem einzusetzen? Und wo soll sich so etwas finden? Man könnte an Entitäten wie Löcher denken: Da, wo sie sind, ist nichts; also, könnte man sagen, handelt es sich um Nicht-Seiendes oder Nicht-Existierendes. Außerdem gibt es Löcher zweifelsfrei, z. B. im Käse, in Donuts oder in Fischernetzen. Wie belastbar ist das Löcher-Beispiel? Zwar klingt «Es gibt Löcher im Käse» nach einer Behauptung mit ontologischen Konsequenzen, bei «Der Käse weist eine feine Lochung auf» jedoch dürfte kaum noch die Neigung bestehen, ein tiefschürfendes Problem über Nicht-Existierendes zu konstruieren. Zugleich wäre es etwas plump, Löcher einfach als *nicht-existierend* zu bezeichnen, denn offensichtlich treten sie nur im Verbund mit einem größeren Ganzen auf, sie verhalten sich daher in gewisser Weise wie Teile (manche sprechen von *negativen Teilen*) und sie nehmen wie andere materielle Einzeldinge einen bestimmten Raum ein, haben also mereologische (siehe Kapitel 6) und topologische Eigenschaften. Es zeichnet sich daher ab, dass Löcher angemessen nur als Teil von etwas behandelt werden können, was selbst nicht zum Nicht-Existierenden gehört.

Die häufigsten Beispiele für Nicht-Existierendes kommen aus dem Bereich der Fiktion oder der Mythen: Spiderman, James Bond und Pegasus scheinen nicht wirklich zu existieren. Man könnte nun aber behaupten, solche fiktiven oder mythischen Dinge existieren zwar nicht in Wirklichkeit, aber es gebe sie doch irgendwie (vielleicht in unserer Vorstellung), denn praktisch jeder wisse ja, was gemeint ist, wenn von ihnen die Rede ist. Mit dieser Auffassung gibt es mehrere Probleme. Erstens ist die Frage nicht, ob es die Vorstellung oder die Idee von James Bond gibt, sondern ob es James Bond als einen Agenten aus Fleisch und Blut gibt. Zweitens könnte man bei dieser Argumentation an eine Verwechslung von *Bedeutung* und *Referenz* denken: Im Unterschied zu *öalsdfj* (dem Ergebnis eines unkontrollierten Griffs in die Tastatur) haben sprachliche Zeichen wie *James Bond* und *Pegasus* eine Bedeutung; wir wissen, was mit ihnen gemeint ist. Aber dies ist nicht mit der Frage zu verwechseln, ob sie auf etwas in der Welt referieren, ob es also einen Referenzgegenstand gibt. Und ausschließlich um Letzteres geht es, wenn wir fragen, ob es etwas wirklich gibt.

Vergleichen wir die Sätze «Polyphem ist ein einäugiger Kyklop» und «Polyphem ist eine einäugige Meerjungfrau». Wer über Grundkenntnisse der Mythologie verfügt, wird bestätigen, dass der erste Satz wahr, der zweite falsch ist. Es handelt sich um Sätze über einen fiktiven Gegenstand, Polyphem, aber wir nehmen trotzdem an, dass es den Unterschied zwischen wahren und falschen Aussagen gibt. Man nennt dies das Problem des *fiktiven Diskurses*. Wenn die eine Aussage wahr ist und Aussagen nur wahr sein können, wenn es den Gegenstand gibt, über den die Aussage gemacht wird, dann scheint es den fiktiven Gegenstand, etwas Nicht-Existierendes, tatsächlich zu geben. Und wenn es wahr ist, dass Polyphem ein einäugiger Kyklop ist, dann gibt es mindestens einen Kyklopen. Man kann die Probleme des fiktiven Diskurses nicht so einfach vom Tisch wischen, dennoch hat man das Gefühl, dass bei dem vorgeführten Schluss etwas nicht stimmt. Vielleicht nämlich müsste man eigentlich sagen: «*Nach der griechischen Mythologie* oder *gemäß den Epen von Homer* ist Polyphem ein Kyklop und keine Meerjungfrau», so dass die Wahrheit der einen Aussage nur relativ zu einer Dichtung gilt und nicht den Schluss zulässt, dass es irgendetwas davon wirklich gibt.

Ein weithin akzeptierter Grundsatz der Semantik besagt, dass bei singulären Aussagen (Aussagen über einzelne Gegenstände, z. B. «Nelson Mandela ist ein südafrikanischer Freiheitskämpfer») der an Subjektstelle stehende Ausdruck auf etwas referieren muss, damit die Aussage wahr sein kann. Die Existenz des Gegenstandes, über den gesprochen wird, wird zwar nicht explizit behauptet, aber vorausgesetzt oder *präsupponiert*. Nehmen wir nun die singuläre Existenzaussage «Pegasus existiert nicht», die allgemein als wahr angesehen wird. Wenn darin der singuläre Ausdruck *Pegasus* auf etwas referieren muss, wenn die Existenz von Pegasus also präsupponiert wird, dann erhalten wir folgende unerfreuliche Konstellation: Um zu behaupten, dass Pegasus nicht existiert, müssen wir voraussetzen, dass er existiert. Singuläre negative Existenzaussagen wirken daher, obwohl sie uns sinnvoll und manchmal als wahr erscheinen, irgendwie selbstwidersprüchlich. Nun gibt es zwei grundlegend verschiedene Strategien, um dieser Herausforderung zu begegnen. Nach der ersten Strategie werden solche Existenzaussagen so umgeformt, dass sie keine Existenzpräsupposition mehr enthalten. Die zweite Strategie versucht zu zeigen, dass es sich um keinen Widerspruch handelt, wenn man sagt, dass es etwas gibt, das nicht existiert, weil es Dinge auf unterschiedliche Weisen *geben* kann.

Die erste Strategie wurde von Willard Van Orman Quine in seinem einflussreichen Aufsatz *On What There Is* vorgeführt. Quine knüpft an die sogenannte *Kennzeichnungstheorie* von Bertrand Russell an. Unter einer *Kennzeichnung* versteht man singuläre Ausdrücke wie «der Autor der Odyssee», «der gegenwärtige König von Frankreich». In dem Satz «Der Autor der Odyssee ist blind» wird nun nicht nur behauptet, dass der Referenzgegenstand dieser Kennzeichnung blind ist, sondern auch, dass es einen solchen Autor gibt (und dass es nur einen solchen Autor gibt). Will man den Satz den Wahrheitsbedingungen entsprechend umformen, müsste man daher sagen: «Es gibt etwas (oder jemanden), das Autor der Odyssee und blind ist; und nichts anderes ist Autor der Odyssee.»

Wie hilft uns das mit dem Nicht-Existierenden weiter? Formen wir den Satz «Der gegenwärtige König von Frankreich ist kahlköpfig» nach Russell um in «Es gibt etwas, das gegenwärtiger König von Frankreich und kahlköpfig ist», dann tritt das Problem mit Nicht-Existierendem gar nicht erst auf: Die Existenz des gegenwärtigen Königs von Frankreich muss nicht irgendwie vorausgesetzt werden, vielmehr erscheint dessen Existenz unter einer der Wahrheitsbedingungen; und da gegenwärtig kein solcher König existiert, ist der Satz ganz einfach falsch. Was ist aber mit Sätzen wie «Pegasus existiert nicht»? *Pegasus* ist keine solche Kennzeichnung. Quine empfiehlt, den Eigennamen *Pegasus* einfach in eine Kennzeichnung umzuformulieren, wie z. B. in die Kennzeichnung «das geflügelte Pferd, das von Bellerophon gefangen wurde». Entsprechend liefe die Behauptung «Pegasus existiert nicht» darauf hinaus zu sagen: «Es gibt nichts, das ein geflügeltes Pferd ist und von Bellerophon eingefangen wurde.» Das Problem der scheinbaren Widersprüchlichkeit negativer Existenzaussagen wäre damit behoben. Falls einmal keine Kennzeichnung verfügbar ist, dann könnten wir, so Quine, immer noch folgenden Kunstgriff gebrauchen: Wir bilden eine artifizielle Kennzeichnung wie «Ding, das Pegasus-ist» oder noch einfacher: «Ding, das *pegasiert*». Die umgeformte negative Existenzaussage würde demnach lauten: «Es gibt nicht etwas, das pegasiert» – und dieser Satz ist weder dunkel noch selbstwidersprüchlich, sondern wahr.

Die zweite Strategie wurde von dem Philosophen Alexius Meinong vorgeführt, weswegen die Anhänger einer solchen Lösung *Meinongianer* genannt werden. Meinong ging von dem Problem sogenannter *intentionaler Zustände* aus, die auf bestimmte Gegenstände gerichtet sind, wie: an Pegasus denken, den Hund hinter der nächsten Ecke fürchten. Nicht alle intentionalen Gegenstände existieren wirklich, aber es gibt sie dennoch irgendwie, nämlich als Gegenstände unserer Intentionen. Solche Gegenstände nennt Meinong *nicht-existent* oder *subsistent* (oder *untertatsächlich*). Für die Meinongianer gibt es also Dinge, die nicht-existieren, nämlich alles, was *subsistiert* oder *möglicherweise* existiert.

Quine hatte in dem erwähnten Aufsatz die Auffassung der Meinongianer scharf kritisiert: Im normalen Sprachgebrauch würden wir keinen Unterschied zwischen «es gibt nicht» und «es existiert nicht» machen. Außerdem umfasse das Problem des Nicht-Existierenden ja auch *unmögliche* Entitäten, wie die runde quadratische Kuppel des Berkeley College. Vor allem aber sah er Probleme für die Annahme *möglicher Entitäten*, die nicht wirklich sind: Wie solle man entscheiden, ob ein oder zwei mögliche dicke Männer in der Tür stehen? Quines Kritik hatte große Wirkung. Allerdings mehren sich Stimmen von Philosophen, die gegen Frege und Quine annehmen, dass *existieren* zumindest bisweilen als ein Prädikat gebraucht wird, mit dem man Dinge in zwei Klassen einteilt – zum Beispiel wenn man zwischen *existierenden* und *möglicherweise existierenden* oder zwischen *existierenden* und *nicht-mehr-* oder *noch-nicht-existierenden* Entitäten unterscheiden möchte. Außerdem könnte man sich auf den Standpunkt stellen, dass es Entitäten *gibt*, die ihrer Natur nach nicht *existieren*, sondern *stattfinden* (wie Ereignisse) oder *bestehen* (wie Sachverhalte).

2.4 Ontologische Verpflichtungen

Wir hatten schon bei der Diskussion um das Nicht-Existierende gesehen, dass wir uns mit manchen Aussagen tatsächlich und mit manchen anderen Aussagen nur vermeintlich auf die Existenz einer Sache festlegen. Man nennt dies das Problem der *Ontologischen Verpflichtung* (*ontological commitment*). Die Aussage «Pegasus fliegt», so hatten wir gesehen, legt uns nur vermeintlich auf die Existenz von Pegasus fest. Die Aussagen «Es gibt rote Rosen» und «Es gibt rote Sonnenuntergänge» legt uns auf die Existenz von Rosen und Sonnenuntergängen fest, aber legen sie uns auch auf die Existenz von *Röte* oder *Rotheit* fest? Wo genau verläuft die Grenze? In dem erwähnten Aufsatz *On What There Is* vertritt Quine die nominalistische These, dass uns die zuletzt genannten Aussagen ebenso wenig auf die Existenz von *Röte* festlegen wie auf die Existenz von Rosenheit und Sonnenuntergangheit. Nun könnte man sagen, dass es im Allgemeinen umstritten ist, ob der Gebrauch von generellen Ausdrücken und Attributen (wie «ist rot», «rot») mit der Bedingung einhergeht, dass es so etwas wie *das Rote* gibt (siehe 3.2). Schon eher scheint der Gebrauch von Eigennamen und singulären Ausdrücken etwas mit der Existenz der betreffenden Sache zu tun zu haben. Wenn z. B. der Name *Nelson Mandela* nur deshalb eine Bedeutung hat, weil er in einem Taufakt der Person Nelson Mandela gleichsam angeheftet wurde, dann muss auch der Träger des Eigennamens irgendwann einmal existiert haben. So oder ähnlich könnte der Vertreter einer kausalen Theorie der Eigennamen argumentieren. Nach der von Quine angewandten Kennzeichnungstheorie der Eigennamen ist aber noch nicht einmal dies der Fall: Auch der Eigenname *Pegasus* verpflichtete uns nicht darauf, die Existenz von Pegasus zu behaupten, weil er in eine Kennzeichnung umgeformt werden konnte. Das alles sind negative Angaben darüber, wann wir uns ontologisch *nicht* verpflichten. Wann aber legen wir uns *tatsächlich* fest oder verpflichten uns darauf, dass etwas existiert? Quine macht dazu folgenden Vorschlag:

Wir gehen ontologische Verpflichtungen ein, wenn wir *gebundene Variablen* wie *einige*, *etwas*, *alle* gebrauchen. Wenn wir beispielsweise sagen «Es gibt etwas, das ein Neutron ist», dann behaupten wir, dass es mindestens eine Sache gibt, auf die zutrifft, dass sie ein Neutron ist. In Quines kanonischer Logik ausgedrückt würde das heißen (wenn *N* für *Neutron* steht): «$\exists x$ (x ist N)». Quine sagt deshalb auch: Existieren heißt, der Wert einer gebundenen Variablen zu sein *(to be is to be the value of a bound variable)*. «Gebunden» heißt, dass die Variable in der Reichweite eines logischen Quantors («es gibt», «alle») steht. In einer formalen Sprache legt man einen Gegenstandsbereich fest, der die Objekte enthält, die grundsätzlich als

Werte für die gebrauchten Variablen in Frage kommen. Wenn dieser Gegenstandsbereich nun Objekte enthält, die der Variablen *x* als Wert zugewiesen werden können, ist der Satz wahr. Wir verpflichten uns mit der Behauptung des obigen Satzes auf die Existenz derjenigen Werte, die den Satz wahr machen, d. h. im obigen Beispiel, dass wir uns auf die Existenz von Neutronen verpflichten. Quines Kriterium für die ontologische Verpflichtung hat deshalb vor allem den Vorzug, dass wir bei der Bestimmung unserer ontologischen Festlegungen nicht auf die zufällige sprachliche Form angewiesen sind, da wir die zu überprüfenden Behauptungen erst durch die kanonische logische Form reglementieren.

Manche Philosophen haben Quines Theorie der ontologischen Verpflichtung nun so verstanden, als wolle er eine Empfehlung geben, wie man im Allgemeinen ontologische Kontroversen in der Philosophie austragen soll. Im Grunde ist das aber nicht genau das, was Quine sagt. Er scheint hier vielmehr an ein Verfahren zu denken, um die ontologischen Verpflichtungen eines Begriffsschemas oder einer wissenschaftlichen Theorie zu bestimmen. Philosophische Ontologie fragt, was es gibt oder welche allgemeinen Arten oder Kategorien von Dingen es gibt. Quines Theorie der ontologischen Verpflichtung hingegen fragt, welche ontologischen Verpflichtungen einem bestimmten Begriffsschema oder einer Theorie zufolge gelten. Dieses Verfahren lässt sich grundsätzlich auch auf die Reglementierung der Alltagssprache anwenden; wenn man aber im Sinne Quines wissen will, was es letztlich und wirklich gibt, dann muss man das Verfahren der ontologischen Verpflichtung auf *Wissenschaften* anwenden. Man müsste z. B. die beste verfügbare Theorie der Physik nehmen, ihre Kernsätze durch Reglementierung in die kanonische Form der Quantorenlogik bringen, um dann festzustellen, welche Werte man braucht, um die Sätze dieser Theorie wahr zu machen. Dann wüsste man, welche Gegenstände es der besten verfügbaren (naturwissenschaftlichen) Theorie zufolge gibt. Das wäre zweifellos ein wichtiges Ergebnis, aber kann das helfen, die klassischen Fragen der philosophischen Ontologie zu beantworten, wie zum Beispiel die, ob es Universalien gibt?

Für die ontologischen Fragen, die die Philosophen interessieren, ist es nämlich oft entscheidend, wie genau man die Sätze der Wissenschaften paraphrasiert. Quine selbst verweist auf einen validen Satz der Biologie, nämlich dass sich bestimmte biologische Arten kreuzen können. Brächte man diesen Satz, so wie er von Biologen behauptet wird, in die Form «Es gibt ein *x*, *x* ist eine biologische Art und *x* kann sich mit anderen Arten kreuzen», dann würde man über allgemeine oder abstrakte Arten quantifizieren, und es schiene nach der Quine'schen Methode, als würde sich die Biologie zu der Existenz von solchen allgemeinen Arten verpflichten. Da nun aber Quine selbst die Existenz von derartigen Universalien ablehnt, würde er den oben genannten Grundsatz der Biologie, bevor er ihn in die kanonische Form bringt, erst einmal paraphrasieren: Er würde vermutlich so etwas sagen wie: «Es gibt Dinge, die sind Pferde, und es gibt Dinge, die sind Esel, und für einige Pferde gilt, dass sie sich mit Eseln paaren und mit Eseln Nachwuchs haben usw.» Der Vorteil dieser Paraphrase wäre für (den Nominalisten) Quine, dass wir nur über einzelne Pferde und Esel, jedoch nicht über allgemeine Arten quantifizieren würden. Allerdings sind wir mit einer solchen Paraphrase mitten in einer philosophischen Debatte über die geeignete ontologische Interpretation entsprechender Sätze. Welche metaphysischen Debatten speziell der Umgang mit Universalien nach sich zieht, werden wir in Kapitel 3 sehen (zur Problematik des «Wegparaphrasierens» von Universalien siehe 3.3); für eine Debatte um den philosophischen Wert von Quines Methode siehe den folgenden Abschnitt 2.5.

2.5 Philosophische Kontroversen über Ontologie

Nehmen wir an, zwei Philosophen seien sich uneinig in der Frage, ob es nur einfache, atomare oder auch zusammengesetzte Entitäten gibt; nennen wir den einen *A-Phil* und den anderen *Z-Phil* (siehe dazu 1.3 sowie Kap. 6). Wenn die beiden in einen Raum mit einem Stuhl kommen, würde Z-Phil sagen: «Es gibt (hier) einen Stuhl», A-Phil hingegen würde sagen: «Es gibt (hier) keinen Stuhl»; auf die Nachfrage, was er denn dort sehe, würde A-Phil allenfalls hinzufügen: «Es gibt (hier) stuhlartig angeordnete Atome» (*Atome* nicht im physikalischen Sinn, sondern im Sinn mereologischer Atome, d. h. Dinge, die nichts anderes als Teil haben: siehe die Einleitung zu Kap. 6). Z-Phil hat nichts gegen die Existenz von solchen atomaren Entitäten einzuwenden, er könnte deshalb präzisieren: «Es gibt (hier) einen Stuhl plus die mereologischen Atome, aus denen er zusammengesetzt ist.» Es bliebe aber der Streitpunkt, ob es einen Stuhl gibt oder nicht. Ein Nicht-Philosoph, der nun zufällig in denselben Raum kommt, würde sagen: «Was ist denn hier los? *Klar* gibt es (hier) einen Stuhl. Wie kann man überhaupt darüber streiten?»

Man könnte sich schnell auf die Seite des Nicht-Philosophen schlagen, indem man auf den Wert der Intuition, des gesunden Menschenverstandes oder der Alltagssprache verweist: «Die Ontologie unserer Alltagssprache», könnte man sagen, «ist klarerweise auf die Existenz von Stühlen verpflichtet.» Außerdem könnte man diese Sympathie für die Alltagssprache verwenden, um auf Kosten von A-Phil die Behauptung von Z-Phil zu verteidigen. Man könnte diesen Zug mit Peter F. Strawsons Unterscheidung von *revisionärer* und *deskriptiver* Metaphysik rechtfertigen: Die These von A-Phil sei revisionär und ziele auf eine Veränderung unserer ontologischen Überzeugungen, während Z-Phil lediglich im Sinne deskriptiver Metaphysik die ontologischen Annahmen der Alltagssprache offensichtlich mache. Hiergegen könnte man aber einwenden, dass die Alltagssprache erstens keine feste und einheitliche Größe ist und zweitens nur eine eingeschränkte Sicht der Dinge wiedergibt: sehr wahrscheinlich nimmt sich z. B. die Welt aus Sicht des Atomphysikers ganz anders aus. Zudem sind die Commonsense-Überzeugungen über Stühle gar nicht wirklich mit der Behauptung von Z-Phil vergleichbar, da der Commonsense keine expliziten Behauptungen über das Verhältnis von Stühlen und mereologischen Atomen enthält.

Außerdem ist die Auffassung von A-Phil nicht einfach nur exzentrisch und wirklichkeitsfern: Wahrscheinlich ist es für ihn okay, wenn die Leute sagen, es gebe Stühle, und vielleicht sagt er es sogar selbst, wenn er zum Beispiel Möbel kaufen geht. Vermutlich würde er hinzufügen, dass er mit *es gibt* etwas anderes meint, wenn er Möbel kauft und wenn er als Metaphysiker auftritt. Die Frage wäre dann, was genau A-Phil meint, wenn er den Quantor *es gibt* verwendet, und was der Nicht-Philosoph meint, wenn er denselben Ausdruck verwendet. Entsprechend könnte man sich fragen, ob A-Phil und Z-Phil überhaupt dasselbe meinen, wenn sie sich darüber streiten, ob es Stühle *gibt*.

Man könnte sich, wenn man Kontroversen wie diese betrachtet, fragen, ob es überhaupt objektive Antworten auf die Frage gibt, *was es gibt*, oder ob zumindest ein Teil ontologischer Fragen auf einen Streit um Worte, d. h. um verschiedene Bedeutungen von *es gibt* oder *Ding* hinausläuft. Diese Frage zu beantworten, ist Aufgabe der *Meta-Ontologie*. Im Zuge solcher meta-ontologischen Überlegungen zeichnen sich grob gesagt folgende Alternativen ab:

Eine radikale Position ist die des *ontologischen Anti-Realismus*: Er besagt, dass es keine sachhaltigen Antworten auf die philosophische Frage gibt, was es gibt. Diese Position kann auf Carnaps Unterscheidung zwischen internen und externen ontologischen Fragen zurückgreifen. Eine *interne* Frage wäre zum Beispiel die eines Mathematikschülers, der sich fragt, ob es eine Primzahl gibt, die kleiner ist als 7. Es scheint unstrittig, dass hier ein bestimmter Rahmen oder Gegenstandsbereich in Form von natürlichen Zahlen vorausgesetzt ist. Wenn er oder sie zu dem Ergebnis kommt, dass es eine solche Primzahl gibt, handelt es sich um keine Behauptung, die eine Aussage über die allgemeine Struktur der Wirklichkeit machen soll. *Externe* Fragen hingegen können auf keinen solchen Rahmen zurückgreifen; sie fragen gerade danach, ob und in welcher Weise es einen solchen Rahmen gibt, etwa: «Gibt es überhaupt Zahlen?» (siehe 1.2). Für Carnap sind solche Fragen irgendwie falsch gestellt; sie lassen sich weder verifizieren noch falsifizieren und sind daher letztlich sinnlos. Von dieser Art der externen Fragen, sagt der ontologische Anti-Realist, sind alle philosophischen Existenzfragen; sie können somit auf keine einvernehmliche, sachhaltige Antwort hoffen. Wenn überhaupt, dann gibt es pragmatische Gründe, um von der Existenz von Zahlen oder Ähnlichem zu sprechen. Nicht-Philosophen hingegen stellen Existenzfragen immer in einem vorgegebenen Rahmen: Wer fragt, ob es Einhörner gibt, der setzt natürliche Lebewesen als Bezugsrahmen voraus. Somit wären nur normale Existenzfragen sinnvoll, philosophische dagegen hätten eher etwas mit Zeitverschwendung zu tun.

Populärer als der Anti-Realismus ist die Strategie, den Wert philosophischer Existenzfragen *herunterzuspielen*. Hierzu gibt es unterschiedliche Ansätze. Die einen würden behaupten, dass es unterschiedliche Weisen gibt, den Quantor *es gibt* zu verwenden, weswegen A-Phil und Z-Phil sich möglicherweise deswegen uneinig sind, weil sie verschiedene Bedeutungen des Quantors voraussetzen. Diese Diskussion um die sogenannte *quantifier variance* wirft daher auch ernsthafte Fragen hinsichtlich der philosophischen Brauchbarkeit von Quines Methode zur Bestimmung der ontologischen Verpflichtung auf. Eine weitere Methode des Herunterspielens geht davon aus, dass sich philosophische Existenzfragen *ganz einfach* beantworten lassen (*easy ontology*). Nehmen wir an, A-Phil sagt: «Der Stuhl ist kein Ding, die einzigen *Dinge* in diesem Raum sind die mereologischen Atome», während Z-Phil sagt: «Du hast ein wichtiges *Ding* vergessen, nämlich den Stuhl». In welchem Sinn sprechen die beiden von *Dingen*? Wenn *Ding* so gebraucht wurde, dass es dafür genaue semantische Anwendungsbedingungen gibt, dann könnten beide die Anwendungsbedingungen nennen, aber das wäre keine interessante philosophische Frage. Wenn *Ding* von beiden mit unterschiedlichen Anwendungsbedingungen gebraucht wäre, dann würden sie nur aneinander vorbeireden. Schließlich könnten beide versuchen, *Ding* in einem neutralen Sinn – ohne jegliche Anwendungsbedingungen – zu gebrauchen, dann gäbe es aber gar keine bestimmte Fragestellung, über die sie diskutieren.

Für Herunterspieler und Anti-Realisten ist philosophische Ontologie kein schrecklich spannendes Unterfangen. Die Gegenposition, die ontologische Fragen ernst nimmt, ist die des *ontologischen Realismus*. Der Realismus erwartet nicht-triviale, sachhaltige und objektiv begründbare Antworten auf philosophische Existenzfragen. Von dem Umstand, dass es metaphysische Kontroversen wie die zwischen A-Phil und Z-Phil gibt, lassen sich Realisten nicht sehr beeindrucken, da in allen Wissenschaften Kontroversen um die beste Theorie entstehen. Die gehaltvollere Antwort auf die Frage, *was es gibt*, führt am Ende zur besseren metaphysischen *Theorie*, und welches die bessere Theorie ist, wird wie immer durch eine Vielzahl von Faktoren bestimmt, wie Wahrheit, Einfachheit, Erklärungskraft, Reichweite, Konsistenz, Kohärenz usw. Vor allem aber darf der Realist nicht den Anschein erwecken, dass beispielsweise die Streitfrage zwischen A-Phil und Z-Phil schon durch den Commonsense erledigt werden kann, d. h. dass *es* Stühle *gibt* oder dass Stühle *Dinge* sind, nur weil wir das in der Alltagssprache so sagen. Wenn wir solche Dinge in der Alltagssprache sagen, dann, so muss der Realist behaupten, tun wir das nicht in dem relevanten Sinn von *es gibt*, sondern nur in einem unvorsichtigen und unverbindlichen Sinn. Das ist nicht sehr verwunderlich, denn wir sagen in der Alltagssprache auch gerne mal, zwei typengleiche Dinge (z. B. zwei Hemden) *seien genau identisch*, oder wir sagen *glauben*, wenn wir *meinen* meinen, usw. Der relevante Sinn von *es gibt* hingegen ist der der Metaphysiker, die um eine wahre, objektiv vertretbare Theorie darüber konkurrieren, was es gibt.

Eine letzte Strategie *spielt* zwar den Gehalt von philosophischen Existenzfragen *herunter*, hält aber metaphysische Fragen nicht generell für unaufregend, sondern schlägt vor, dass die Metaphysik ihre Aufgabe nicht – wie in der Quine'schen Tradition – über Existenzfragen, sondern über Grundlegungsfragen bestimmen sollte (siehe auch Kap. 8). Diese Strategie enthält als ein Element eine *ontologische Großzügigkeit*, d. h. man verhält sich im Hinblick auf die Frage, was es gibt oder nicht gibt, so großzügig, wie nur möglich. Universalien? Gibt es. Zahlen? Gibt es. Im Extremfall wandelt sich diese Großzügigkeit zu einem *ontologischen Permissivismus*, der, ohne viel zu fragen, alles als *seiend* oder *existierend* zulässt. Als zweites Element macht diese Strategie geltend, dass es in der Metaphysik in erster Linie darum gehen sollte, welche Entitäten als grundlegend und welche als abhängig existieren: Die Frage wäre demnach nicht, *ob* Universalien existieren (natürlich, sagt der Permissivist, existieren sie, wir gebrauchen sie ja ständig), die Frage ist, ob sie von anderen Entitäten abhängig sind und in welcher Weise sie es sind. Die Frage ist nicht, *ob* es Zahlen gibt (klar gibt es sie; hier sind ein paar: 1, 17, 7/8, 13.958), sondern *wie* sie sich zu anderen Dingen, etwa zum menschlichen Geist, der mit Zahlen rechnet, verhalten. Hinsichtlich der Kontroverse zwischen A-Phil und Z-Phil hätten ebenfalls beide recht, was die Existenz von Stühlen angeht, ihr Dissens würde aber die spannendere Frage betreffen, inwiefern mereologische Atome andere, abhängige Entitäten, wie Stühle, zusammensetzen und deren Existenz begründen könnten.

3. Eigenschaften

Eigenschaften spielen in der Art und Weise, wie wir und die Wissenschaften über die Wirklichkeit denken und sprechen, eine zentrale Rolle. Wir beschreiben, charakterisieren, identifizieren, klassifizieren, vergleichen und unterscheiden Dinge aufgrund ihrer Eigenschaften: «Die Erde ist *rund*», «Schnee ist *weiß*», «Sokrates und Karl Marx sind *bärtig*», «Fido, Fiffi und Fips sind *Hunde*». Jedes dieser Prädikate entspricht einer Eigenschaft oder bezeichnet und bestimmt je eine Eigenschaft: die Eigenschaften, rund zu sein, weiß zu sein, bärtig zu sein und ein Hund zu sein. Eigenschaften können Dingen zugeschrieben oder von ihnen ausgesagt werden. Insofern gehen Eigenschaften mit generellen Ausdrücken und Prädikaten einher, sie begegnen uns aber auch in singulären abstrakten Ausdrücken wie in «die *Röte* der Tomate». Dinge können Eigenschaften *instanziieren* oder auch *exemplifizieren*. Fido instanziiert die Eigenschaft, ein Hund zu sein. Die Tomate *exemplifiziert* die Eigenschaft, rot zu sein. Die entsprechenden Prädikate «ist ein Hund» und «ist rot» *treffen* auf diese Dinge, Fido respektive Tomate, *zu*.

Auch *Begriffe* scheinen mit Eigenschaften eng verwandt zu sein: Wo die Eigenschaft ist, ein Hund zu sein, so könnte man sagen, da ist auch der Begriff des Hundes nicht weit. Nun kann ein Begriff aber – anders als die Eigenschaft – dem Gegenstand Fido nicht zukommen oder auf ihn zutreffen. Wenn Fido in der Tat ein Hund ist, dann *fällt* er *unter* den Begriff des Hundes. Das Verhältnis von Eigenschaften und Begriffen wird terminologisch oft ungenau gefasst, noch öfters ist es Gegenstand von handfesten Kontroversen: Manche meinen, auf Begriffe ganz verzichten zu können, manche behandeln Eigenschaften, als seien sie nichts weiter als Begriffe. Folgt man der Intuition, dass Begriffe etwas sind, was wir lernen, verstehen, wissen können, Eigenschaften dagegen etwas, was den Gegenständen selbst zukommt, dann scheint es plausibel, die einer Eigenschaft korrespondierenden Begriffe auf der Ebene des Frege'schen Sinns anzusiedeln. Nach Frege ist der Sinn (heute sprechen wir häufiger von *Bedeutung*) das, was die beiden Ausdrücke «Morgenstern» und «Abendstern» unterscheidet, obwohl sie denselben Referenzgegenstand, nämlich den Planeten Venus, haben. Ein solcher Sinn, obschon selbst nicht sinnlich wahrnehmbar, ist nicht Teil deiner oder meiner Psyche, sondern ein intersubjektiv zugänglicher Gehalt. So wie wir den Sinn von «Morgenstern» und «Abendstern» verstehen müssen, um ihren Referenzgegenstand zu bestimmen, so müssen wir den intersubjektiv zugänglichen Begriff des Hundes verstehen, um die Eigenschaft zu bestimmen, die Entitäten aufweisen müssen, um unter diesen Begriff zu fallen.

Unter dem Begriff der *Eigenschaft* verbergen sich bei näherem Hinsehen ganz unterschiedliche Typen von Eigenschaften. Eine von alters her getroffene Unterscheidung ist die zwischen Eigenschaften, die einen Gegenstand nur charakterisieren und sagen, *wie* er ist, und solchen, die einen Gegenstand einer Art zuweisen und sagen, *was* er ist. Entsprechend könnte man sagen, dass die Eigenschaften, rot oder weiß, laut oder leise zu sein, *Qualitäten* sind, während «Haartrockner» und «Klavier» *Arten* bezeichnen. Besondere Aufmerksamkeit unter den Arten wiederum haben in der Metaphysik die *natürlichen Arten* wie Hund,

Katze, Maus, Tanne, Fichte, Eiche gefunden, weil diese eine gewissermaßen von der Natur selbst vorgegebene Unterteilung der Wirklichkeit zur Anwendung bringen und nicht nur unsere konventionellen Grenzziehungen (z. B. West-Berliner, Ost-Berliner, Ober-, Mittel-, Unterfranke) oder unsere subjektiven Zwecksetzungen (z. B. Haartrockner, Staubsauger, Wagenheber) widerspiegeln. Wer von natürlichen Arten spricht, macht oft von einem Art-Gattungs-System Gebrauch, in dem die *Gattungen* die Rolle von allgemeineren Eigenschaften spielen, die in mehrere Arten untergliedert werden können. So stehen *Braunbär* und *Säugetier* in einem Art-Gattungs-Verhältnis und ebenso *Säugetier* und *Lebewesen*. Die verschiedenen in einer Gattung enthaltenen Arten instanziieren die Gattung – ähnlich wie die individuellen Exemplare die Art instanziieren. In einer Art von Art-Gattungs-Verhältnis stehen auch Eigenschaften, die man als *determinates* und *determinables* bezeichnet, wie zum Beispiel *würzig* und *faulig* im Verhältnis zu *Geruch*, oder *1,80 m* im Verhältnis zu *Größe*; wenn man sagt, etwas habe eine Größe oder einen Geruch, sagt man nur etwas über *generische Eigenschaften* aus bzw. darüber, welche Gattung von Eigenschaften einer Sache zukommt, jedoch nichts darüber, welche *bestimmte* Eigenschaft diese Sache hat.

Im Zusammenhang mit Eigenschaften werden oft auch *Relationen* (z. B. «_ist größer_», «_ist Schwester von_») behandelt. Die Relation, dass *a* gleich groß ist wie *b*, besagt nichts über die absoluten Eigenschaften von *a*, sondern setzt *a* lediglich in Beziehung zu einem anderen Gegenstand. Für gewöhnlich nehmen wir an, dass sich ein Ding verändert, wenn es eine seiner Eigenschaften verliert oder eine neue Eigenschaft hinzugewinnt. Nun verhält es sich aber so, dass zum Beispiel Sokrates das relationale Merkmal «ist größer als Menon» verlieren kann (nämlich wenn Menon wächst und größer wird als Sokrates), ohne sich selbst zu verändern (man nennt dies auch *Cambridge Change*). Aufgrund dieser Eigenart von Relationen könnte man argumentieren, dass sie sich grundsätzlich anders verhalten als Eigenschaften. Andererseits lässt sich aus derartigen Relationen ohne weiteres eine Eigenschaft, etwa die Eigenschaft, gleich groß wie *b* zu sein, gewinnen. Daraus könnte man ableiten, dass Relationen allgemein wie mehrstellige Eigenschaften zu behandeln seien: Einstellig wäre die Eigenschaft «_ ist 1,80 m groß», zweistellig hingegen die relationale Eigenschaft «_ist gleich groß wie_», dreistellig die relationale Eigenschaft «_steht zwischen_ und_» usw.

Je mehr man über Eigenschaften nachdenkt, umso mehr Anlässe findet man, um unterschiedliche Typen von Eigenschaften zu unterscheiden. Der Hauptgrund jedoch, warum sich die Metaphysik mit Eigenschaften befasst, ist ein ganz anderer: Eigenschaften, so vertraut sie uns auf den ersten Blick scheinen, werden problematisch, sobald man die Frage stellt, ob und wie Eigenschaften überhaupt existieren: Existieren Eigenschaften als eine eigenständige Kategorie von Entitäten? Oder sind sie am Ende vielleicht nichts anderes als vom menschlichen Geist geschaffene Begriffe? Oder lassen sich alle sogenannten Eigenschaften letztlich durch die Prädikate der verschiedenen Sprache erklären? Vor allem aber stellt sich im Hinblick auf Eigenschaften die wohl bekannteste metaphysische Streitfrage überhaupt: Existieren Eigenschaften als etwas Allgemeines, als sogenannte Universalien, oder sind auch die Eigenschaften etwas Einzelnes, Partikuläres? Nach der ersten Auffassung wäre es möglich, dass verschiedene Vorkommnisse der Farbe *Blau*, sagen wir, das Blau der Blauen Grotte und das Blau deiner Augen, ein und dieselbe Eigenschaft, nämlich ein und dasselbe Blau instanziieren. Eine solche universal verstandene Eigenschaft könnte zugleich mehrfach und an verschiedenen Orten instanziiert sein, bliebe aber ein und dieselbe Farbe. Nach der konkurrierenden Auffassung wären das Blau der Blauen Grotte und das Blau deiner Augen zwei numerisch verschiedene Entitäten, selbst wenn kein Unterschied im Blauton der beiden Vorkommnisse zu entdecken wäre (also auch wenn das Blau hier und da *qualitativ* identisch wäre, siehe 1.7).

3.1 Universalien und Abstrakta

Unter *Universalien* versteht man allgemeine Eigenschaften, Arten und Relationen. Die früheste Form von Universalientheorie haben wir bereits mit Platons Ideenlehre (siehe 1.1) kennengelernt. Seine Ideen scheinen gleichermaßen allgemein, abstrakt, ewig, immateriell und transzendent zu sein. Es ist aber keineswegs ausgemacht, dass diese Merkmale immer zusammen auftreten. Auch heute reden noch viele so von Universalien, als seien sie ihrer Natur nach gleichermaßen allgemein und abstrakt. Sinnvoller scheint es, die Unterscheidungen allgemein-einzeln und abstrakt-konkret grundsätzlich auseinanderzuhalten.

Zunächst zu der Gegenüberstellung von allgemein-einzeln bzw. universal-partikulär. Einen gewissen Anhaltspunkt liefert unsere Sprache: Wir verwenden singuläre Ausdrücke, wie Eigennamen (z. B. Barbarossa) und Kennzeichnungen (z. B. der Kaiser, der im Fluss Saleph ertrank), die dazu gedacht sind, auf einzelne Dinge zu referieren, und generelle Ausdrücke (z. B. «rotbärtig», «Kaiser»), die grundsätzlich von mehreren Dingen prädiziert werden können. Insofern besteht eine Entsprechung zwischen generellen Termen und dem ontologisch Allgemeinen. Jedoch lassen sich aus allgemein aussagbaren Prädikaten auch singuläre Ausdrücke bilden (aus «rotbärtig» wird «die Rotbärtigkeit», aus «fromm» wird «die Frömmigkeit»), so dass der Leitfaden der Sprache nur bedingt hilft. Als ein Unterscheidungsmerkmal wurde daher unter anderem die Fähigkeit zur *Bi- oder Multilokalität* diskutiert. Nicht nur können beliebig viele allgemeine Entitäten zur selben Zeit am selben Ort anwesend sein, es kann auch ein einziges Universale vollständig zur selben Zeit an beliebig vielen verschiedenen Orten anwesend sein. Für gewöhnliche partikuläre Entitäten scheint das hingegen ausgeschlossen zu sein. Wenn man allerdings Universalien als abstrakte oder transzendente Entitäten versteht, ist dieses Kriterium nur eingeschränkt anwendbar, weil Abstraktes und Transzendentes eigentlich gar nicht – oder wenn, dann nur in einem übertragenen Sinn – an bestimmten Orten vorkommen kann.

Ein gebräuchlicheres Kriterium stellt daher die *Exemplifizierbarkeit* oder *Instanziierbarkeit* dar: So wie generelle *sprachliche Ausdrücke* von einem Gegenstand oder von vielen Gegenständen prädiziert werden können, so können allgemeine oder universale *Entitäten* von partikulären Dingen exemplifiziert oder instanziiert werden, während eine partikuläre Entität nicht von etwas anderem exemplifiziert oder instanziiert werden kann. Beispiel: Die allgemeine Eigenschaft der Kahlköpfigkeit wird von zahlreichen Herren mittleren und fortgeschrittenen Alters exemplifiziert. Hingegen kann das Einzelding Sokrates überhaupt nicht exemplifiziert werden. Selbst Sokrates' eigene Kahlköpfigkeit, verstanden als eine partikuläre Eigenschaft, die nur Sokrates besitzt, kann nicht exemplifiziert werden.

Ausgestattet mit diesen Kriterien können wir nochmals auf das Phänomen von singulären Ausdrücken zurückkommen, die etwas Allgemeines bezeichnen, wie «die Röte», «die Frömmigkeit». Wenn die Exemplifizierbarkeit bzw. Instanziierbarkeit das entscheidende Kriterium für ontologische Allgemeinheit ist, dann scheinen auch diese Ausdrücke Universalien zu bezeichnen, weil das, was diese Ausdrücke bezeichnen, vielfach instanziierbar ist. Allerdings können solche Ausdrücke nicht prädiziert werden; insofern handelt es sich um nicht-prädizierbare Universalien, die manche ausdrücklich von den prädizierbaren Eigenschaften unterscheiden und als *Typenobjekte* kennzeichnen.

Wie steht es mit der Unterscheidung von *abstrakt* und *konkret*? Auch hier werden unterschiedliche Kriterien diskutiert. Abstrakte Gegenstände wie Zahlen (siehe 1.2) sind (a) nicht wahrnehmbar, (b) kausal ineffektiv, (c) unveränderlich und (d) nicht raum-zeitlich lokalisierbar. Die Kriterien (a) und (b) gehören zusammen, insofern die Nicht-Wahrnehmbarkeit eine Folge von (b) wäre: Ein Gegenstand, von dem keine kausale Wirkung ausgeht, kann auch nicht wahrgenommen werden. Ebenso gehören (c) und (d) zusammen, denn ohne zeitliche Eigenschaften kann ein Ding auch keine Veränderung durchlaufen. Muss also alles, was als abstrakt gelten soll, kausal ineffektiv und nicht raum-zeitlich lokalisierbar sein? Einwand:

Geometrische Gesetze, wie den Satz des Pythagoras, halten wir für abstrakt. Ein solches Prinzip, könnte man sagen, hat großen Einfluss auf die Art, wie wir Dinge bemessen und konstruieren – wie kann es dann kausal ineffektiv sein? Vielleicht ist der Einwand nur ungenau formuliert: Nicht der Satz des Pythagoras, sondern unsere Kenntnis davon, also ein geistiger Zustand, hat Einfluss auf die Art, wie wir Dinge konstruieren. Möglicherweise haben wir also mit (b) und (d) zwei notwendige Bedingungen gefunden, ohne die eine Entität nicht als abstrakt gelten kann. Weniger klar ist, ob es sich dabei auch um *hinreichende* Kriterien handelt: Ist alles, was diese Bedingungen erfüllt, abstrakt? Wer eine Ontologie vertritt, die zum Beispiel Gott, Engel oder Seelen beinhaltet, wird diese zwar nicht für raum-zeitlich lokalisierbar halten, dennoch wird man sie deswegen nicht schon als abstrakt ansehen wollen. Wäre Gott nämlich abstrakt, wäre er ineffektiv und könnte dann auch nicht die Welt geschaffen haben.

Mit etwas Phantasie lassen sich weitere Gegenbeispiele finden; dennoch geben die beiden Kriterien für Abstraktheit eine klare Richtung vor – und die unterscheidet sich deutlich von den Kriterien für Allgemeinheit. Man kann daher fragen: (i) Sind alle Universalien abstrakt und (ii) alle Abstrakta universal? Die Antwort auf (ii) lautet «nein»: Zahlen und Mengen gelten weithin als abstrakt, aber es gibt keinen zwingenden Grund, sie alle wie Universalien zu behandeln. Wenn ich z. B. 2 + 2 zusammenzähle, habe ich es doch mit zwei partikulären und keineswegs universalen Zahlen zu tun. Die Antwort auf (i) ist voraussetzungsreicher, sollte aber ebenfalls «nein» lauten – aus mindestens zwei Gründen: Erstens könnte man eine Auffassung von Universalien vertreten, nach welcher sich das Eigenschaftsuniversale *Rotbärtigkeit* aus allen konkreten Vorkommnissen dieser Eigenschaft zusammensetzt; somit wäre das Universale lokalisierbar, es ist nämlich überall da, wo jemand einen roten Bart trägt. Zweitens hängt viel davon ab, wie man die Existenzbedingungen von universalen Eigenschaften konzipiert: Nimmt man wie der Metaphysische Platonismus (siehe 1.1) an, dass die Eigenschaftsideen unabhängig davon existieren, wann und ob sie je exemplifiziert worden sind, dann wären diese Universalien in der Tat von raum-zeitlichen Gegebenheiten völlig unabhängig. Geht man hingegen (was manchmal als *Aristotelischer Eigenschaftsbegriff* oder als *Moderater Realismus* bezeichnet wird), davon aus, dass nur solche Eigenschaftsuniversalien existieren, die entweder jetzt oder zu einem anderen Zeitpunkt durch ein konkretes Vorkommnis dieser Eigenschaft instanziiert sind, dann wird die Existenz der entsprechenden Universalien zumindest von raum-zeitlichen Faktoren abhängig und kann so auch nicht die Zeitlosigkeit echter Abstrakta genießen: Die Eigenschaft, ein Pyrenäensteinbock zu sein, hörte gemäß dem moderaten Realismus im Jahr 2000 auf zu existieren, als das letzte natürlich geborene Exemplar dieser Art verendete. Im Jahr 2009 feierte die Eigenschaft nochmals ein Comeback, als ein geklontes Pyrenäensteinbockkitz geboren wurde und nach einigen Minuten wieder verstarb: Abstrakte Existenz sieht jedenfalls anders aus.

Kurzum: Es scheint sinnvoll, mit abstrakten Entitäten zu rechnen, die nicht universal sind und zumindest einige Konzeptionen von Universalien behandeln diese wie konkrete, nicht wie abstrakte Entitäten. Man kann daher die Existenz von Universalien annehmen und die von Abstrakta negieren oder umgekehrt die Existenz von Universalien bestreiten und die von Abstrakta zulassen.

3.2 (Universalien-)Realismus

Dass konkrete Einzeldinge existieren, ist irgendwie offensichtlich. Aber warum sollte man annehmen, dass es auch allgemeine bzw. universale Eigenschaften gibt? Hier sind einige klassische Argumente: (i) Betrachten wir den Satz «Die Zitrone ist gelb», den wir für wahr halten. Wenn der Satz aber wahr ist, müsste es dann nicht etwas in der Wirklichkeit geben, was die Wahrheit des Satzes begründet? Was könnte das sein? Antwort: Die Zitrone ist gelb, *weil* sie das Universale *Gelbheit* instanziiert. Also gibt es Universalien. Man nennt das auch das Argument der *Metaphysischen Erklärung*. (ii) Die Zitrone und die Badeente sind sich ähnlich. Warum? Weil sie etwas gemeinsam haben: Beide weisen dieselbe Farbe, nämlich die Farbe *Gelb*, auf. Wenn die Farbe *Gelb* etwas ist, was von mehreren Dingen instanziiert werden kann, dann handelt es sich nach der in Abschnitt 3.1 gegebenen Bestimmung um ein Universale. Es gibt etwas, hinsichtlich dessen die Zitrone und die Badeente übereinstimmen, also gibt es Universalien. Man nennt das auch das Argument der *Attributübereinstimmung* bzw. das Argument aus der *Ähnlichkeit*. (iii) Generelle Ausdrücke («... ist gelb») können auf Gegenstände *zutreffen*, singuläre Ausdrücke hingegen («meine Badeente») referieren auf etwas oder haben einen Referenzgegenstand. Wenn wir den Satz bilden «Das Gelb der Zitrone und der Badeente ist ein und dasselbe», worauf referiert dann der singuläre Ausdruck «das Gelb»? Antwort: Auf die allgemeine Eigenschaft bzw. auf das Universale *Gelb*. Es muss etwas geben, worauf der Ausdruck «das Gelb» referiert, wenn der genannte Satz sinnvoll sein soll (und der Satz *ist* sinnvoll), also gibt es Universalien. Man nennt das auch das Argument der *Referenz abstrakter singulärer Terme* (entsprechend den in 3.1 eingeführten *Typenobjekten*).

Das sind einige Argumente, die man zugunsten der Existenz von Universalien vorbringen kann. Die Annahme der Existenz von Universalien definiert die Position, die man als *(Universalien-)Realismus* bezeichnet. Dass Dinge hinsichtlich ihrer Eigenschaften übereinstimmen können, ist ein Phänomen, das uns überall begegnet und das zum Beispiel die Voraussetzung dafür ist, dass wir gesetzesartige Aussagen in den Wissenschaften formulieren können. Es gibt also einige nicht unerhebliche Aufgaben, die die Universalien lösen könnten, und daher hat man zumindest Prima-facie-Gründe, um gegenüber der Existenz von Universalien aufgeschlossen zu sein. Wenn man sich nun zur Ausarbeitung einer Theorie universaler Eigenschaften entschließt, dann sieht man sich allerdings schnell mit einer ganzen Reihe von Problemen konfrontiert. Vor allen Dingen stellt sich die Frage, wo man mit den Universalien anfangen und wo aufhören soll. Muss man tatsächlich zu *jedem* Prädikat wahrer Aussagen *ein* Universale annehmen? Der Satz «Nelson Mandela ist ein Nicht-Grieche» ist wahr. Nach dem Argument der metaphysischen Erklärung müsste es nun etwas in der Wirklichkeit geben, das die Wahrheit dieses Satzes begründet, und dafür müsste man nach dem obigen Argument das Universale *Nicht-Grieche* annehmen. Nun stören sich die Philosophen seit Platon an derart «abgeleiteten» Universalien, denn auch die Freunde der Universalien wollen natürlich nicht, dass es zu einer unkontrollierbaren Vermehrung von Universalien kommt. Vielleicht könnte man dem Einwand auf folgende Weise begegnen: Der obige Satz wird nicht durch die allgemeine Eigenschaft, Nicht-Grieche zu sein, wahr gemacht, sondern dadurch, dass Nelson Mandela ein Südafrikaner ist. Damit wäre das Argument, das uns zur Annahme unliebsamer Universalien zwingt und dadurch die Annahme von Universalien im Allgemeinen unglaubwürdig zu machen versucht, zunächst einmal abgewehrt. Aber wie verhält es sich mit Folgendem? «Nelson Mandela und Greta Garbo sind beide Nicht-Griechen.» Das ist zumindest eine Ähnlichkeit. Muss es dann nicht etwas geben, hinsichtlich dessen beide übereinstimmen, nämlich die allgemeine Eigenschaft, Nicht-Grieche zu sein?

Wenn man als Universalien-Freund darum besorgt ist, genau so viele Universalien anzunehmen, wie man braucht, aber auch nicht mehr, dann sollte einem auch das Phänomen komplexer Eigenschaften zu denken geben. Nehmen wir die Eigenschaft, ein Junggeselle zu sein. Wie wir wissen, verbirgt sich dahinter, dass es sich um eine (a) männliche, (b) unverheiratete (c) Person handelt, so dass wir es mit *einem* generellen Ausdruck, aber gleich mit *drei* Eigenschaften zu tun haben. Die Eigenschaft, Junggeselle zu sein, erweist sich daher als relativ komplex. Nun könnte man sich mit guten Gründen dafür stark machen, dass die nicht-komplexen Eigenschaften irgendwie grundlegender seien als die komplexen und dass man deshalb auf die Existenz komplexer Eigenschaftsuniversalien verzichten kann.

Schließlich haben wichtige Probleme des Realismus mit sogenannten *höherstufigen Universalien* zu tun, etwa dem Universale, das dem Prädikat «... hat die Eigenschaft, nicht instanziiert zu sein» entspricht. Aus der Annahme solcher höherstufigen Universalien lässt sich ein anscheinend fatales Argument gegen den Universalien-Realismus formulieren – das Paradox der *Nicht-Selbst-Instanziierung*:

Wann immer zwei Dinge etwas gemeinsam haben, gibt es eine Eigenschaft, hinsichtlich derer die Gemeinsamkeit besteht. Michel Foucault und Yul Brynner sind beide kahlköpfig; also gibt es die Eigenschaft der Kahlköpfigkeit. – *Kahlköpfig-Sein* und *Männlich-Sein* sind beides Eigenschaften. Also gibt es auch die Eigenschaft, *eine Eigenschaft zu sein.* – Diese Eigenschaft (nämlich die, die darin besteht, *eine Eigenschaft zu sein*) instanziiert die Eigenschaft, eine Eigenschaft zu sein. Man kann daher sagen: Die Eigenschaft, *eine Eigenschaft zu sein*, instanziiert sich selbst (eben weil sie eine Eigenschaft ist). Sie ist «selbst-instanziierend». – Wie steht es mit der Eigenschaft *kahlköpfig zu sein*? Instanziiert sie sich auch selbst? Natürlich nicht! Eigenschaften haben keine Köpfe und können daher auch nicht kahlköpfig sein. Dasselbe gilt für die Eigenschaft *männlich zu sein*, denn Eigenschaften haben kein biologisches Geschlecht. – Also haben die Eigenschaften *kahlköpfig zu sein* und *männlich zu sein* etwas gemeinsam: Sie instanziieren sich nicht selbst, sie sind «nicht-selbst-instanziierend». Also gibt es auch die Eigenschaft, *nicht-selbst-instanziierend zu sein.* – Wie steht es nun mit dieser Eigenschaft (nämlich der Eigenschaft, *nicht-selbst-instanziierend zu sein*)? Entweder (Alternative 1) sie instanziiert sich selbst oder (Alternative 2) sie instanziiert sich nicht selbst. – Was auch immer die Eigenschaft *nicht-selbst-instanziierend zu sein* instanziiert, darf sich nicht selbst instanziieren. Damit ist Alternative 1 ausgeschlossen. – Was auch immer sich nicht selbst instanziiert, instanziiert dadurch die Eigenschaft, *nicht-selbst-instanziierend-zu-sein.* Damit ist auch Alternative 2 ausgeschlossen, denn wenn sich die Eigenschaft *nicht-selbst-instanziierend zu sein* nicht selbst instanziiert, dann würde sie eben hierdurch die Eigenschaft instanziieren, *nicht-selbst-instanziierend zu sein.* Was für eine Bescherung!

Was sagt das über den Universalien-Realismus aus? Was letztlich zu dem Paradox führte, war der uneingeschränkte Grundsatz, dass, wann immer zwei Dinge etwas gemeinsam haben, es ein entsprechendes Eigenschaftsuniversale geben muss, das diese Gemeinsamkeit metaphysisch erklärt. Da dies ein wichtiger Grundsatz für Universalien-Realisten ist, neigen Anti-Realisten dazu, aus dem Paradox auf das Scheitern des Realismus im Allgemeinen zu schließen. Der Realist hingegen müsste sich überlegen, ob man geeignete, aber dennoch nicht beliebige Einschränkungen – z. B. mit Blick auf höherstufige Universalien – an diesem Grundsatz vornehmen könnte.

3.3 (Universalien-)Nominalismus

Die Position, die die Existenz von universalen Entitäten leugnet, nennt man *Anti-Realismus* oder, noch häufiger, *Nominalismus* (der Begriff kommt aus dem mittelalterlichen Universalienstreit). Die Nominalisten nehmen für sich den Vorzug der *ontologischen Sparsamkeit* in Anspruch, d. h. sie wollen dieselben Phänomene mit einem geringeren Aufwand, also mit der Verpflichtung auf weniger Entitäten, erklären. Dabei können sie auf Probleme des Realismus hinweisen, wie sie sich in 3.2 gezeigt hatten: etwa auf eine unwillkommene Vermehrung von Universalien, auf das Paradox der Nicht-Selbst-Instanziierung usw. Schließlich beanspruchen Nominalisten bisweilen, dass ihre Auffassung eher einem wissenschaftlichen oder naturalistischen Weltbild entspreche, weil sie nur konkrete «messbare» Gegenstände annehmen.

Nun konnten aber die Realisten auf Fälle verweisen, die uns auf die Existenz von Universalien zu verpflichten schienen: Wenn Achilles und Hektor beide tapfer sind, so der Realist, dann muss es doch etwas geben, hinsichtlich dessen sie übereinstimmen: die (mehrfach instanziierbare) Eigenschaft der Tapferkeit. Die Methode der Nominalisten besteht nun darin, alle Beispiele dieser Art so umzuformulieren oder so zu *paraphrasieren*, dass die Universalien verschwinden. Standardbeispiel: «Tapferkeit ist eine Tugend». Der Realist würde hier mit dem Argument der *Referenz abstrakter singulärer Terme* sagen, dass *Tapferkeit* auf ein Eigenschaftsuniversale referiere. Der Nominalist hingegen schlägt die folgende Paraphrase vor: «Tapfere Personen sind tugendhaft» – in diesem Satz ist ausschließlich von Einzeldingen die Rede; also, folgert der Nominalist, besteht kein Anlass, sich auf die Existenz von Universalien zu verpflichten.

Die nominalistische Paraphrasierungsmethode ist durchaus effektiv, allerdings gibt es zahlreiche Fälle, in denen sich die Bezugnahme auf vermeintliche Universalien nicht so einfach «wegparaphrasieren» lässt. So könnte man schon gegen das oben genannte Beispiel einwenden, dass der Satz «Tapferkeit ist eine Tugend» unter allen Umständen und auch dann wahr ist, wenn es zufällig einmal keine tapferen Personen geben sollte; für die Paraphrase «Tapfere Personen sind tugendhaft» würde es aber sehr wohl einen Unterschied bedeuten, ob es tapfere Personen gibt oder nicht. Außerdem könnte es sein, dass einzelne tapfere Personen zwar tugendhaft sind, *insofern* sie tapfer sind, aber gleichzeitig unehrlich und daher alles andere als tugendhaft. Deswegen müsste man vielleicht eher paraphrasieren «Tapfere Personen sind tugendhaft, *insofern* sie tapfer sind» oder «Tapfere Personen sind *in dieser Hinsicht* tugendhaft». Dem Nominalisten dürfte das nicht gefallen, denn was sollte *in dieser Hinsicht* anderes meinen als «in Hinsicht *auf diese Eigenschaft*»?

Anderes Beispiel. In einer Kontaktanzeige heißt es: «Mir ist *treu* lieber als *reich*.» Wenn ein Realist die Kontaktanzeige liest, wird er dabei an die Eigenschaften *Treue* und *Reich-Sein* denken – woran auch sonst? Der Nominalist dagegen wird sich denken: «Aha! Ihr/ihm sind treue *Partner* lieber als reiche.» Aber vielleicht macht sich der Nominalist – falls er treu ist, aber arm – zu Unrecht Hoffnung, denn der Wortlaut der Kontaktanzeige schließt nicht aus, dass der oder die Kontaktsuchende einen reichen Partner, der großzügig, geistreich und gutaussehend ist, unter Abwägung aller Umstände einem treuen Partner, der arrogant, kleinlich und langweilig ist, vorziehen würde, obwohl er oder sie im Allgemeinen die *Eigenschaft* der Treue höher schätzt als die des Reichtums.

Über einzelne Paraphrasen lässt sich streiten, aber das Grundproblem scheint klar: Es kann immer Fälle geben, bei denen auch der raffinierteste nominalistische Paraphrasierungsversuch an seine Grenzen kommt. Die technische Umsetzbarkeit des nominalistischen Paraphrasierungsprogramms ist aber nur *ein* Aspekt. Für die philosophische Beurteilung des Nominalismus wichtiger ist die Frage, wie der Nominalismus auf die zentrale Herausforderung der Realisten reagiert. Die Realisten hatten gesagt, sie bräuchten Universalien, um erklären zu können, warum die Zitrone gelb ist, oder um angeben zu können, was es denn ist, das die gelbe Zitrone und die gelbe Badeente gemeinsam haben. Daran, wie Nominalisten auf diese Herausforderung reagieren, kann man verschiedene Neigungen und Lager innerhalb des Nominalismus unterscheiden. Zum Beispiel gibt es Nominalisten, die auf die Frage, was die Zitrone gelb macht, sagen würden: «Da ist nichts, was die Zitrone gelb macht. Sie ist einfach gelb.» Auf die Frage, was es ist, das die Zitrone und die Badeente gemeinsam haben, würde dieser Nominalist antworten: «Die Zitrone ist gelb. Die Badeente ist gelb. Ende der Durchsage.» Konfrontiert mit der Identität eines Merkmals, würde ein solcher Nominalist gewissermaßen nur den Kopf in den Sand stecken. Weil das ein Verhalten ist, das man den Straußenvögeln nachsagt, wurden diese Nominalisten (von ihren Gegnern!) als *Vogel-Strauß-Nominalisten* (*Ostrich Nominalists*) tituliert.

Eine andere nominalistische Strategie wäre zu sagen, die Zitrone ist gelb, weil es eine Klasse von Gegenständen gibt, die gelb sind, und die Zitrone zu dieser Klasse gehört. Die Zitrone und die Badeente sind beide gelb, da sie beide zur Klasse der gelben Gegenstände gehören. Da hier nur von der Klasse aller gelben Gegenstände die Rede ist, wird eine Bezugnahme auf die *Eigenschaft* Gelb sorgsam vermieden. Das ist der Ansatz des *Klassen-Nominalismus*. Einerseits wäre nun zu fragen, ob es wirklich zu *jeder* Klasse eine Eigenschaft geben soll. Klassen kann man zu allen möglichen Dingen bilden – egal wie heterogen und disparat sie sind: etwa die Klasse, die alle Saturn-Monde, die Queen von England und meine Lieblingsbadeente enthält. Wir würden für gewöhnlich nicht sagen, dass diese durch eine distinktive Eigenschaft miteinander verbunden sind. Andererseits scheint es zu manchen Klassen eben mehr als nur *eine* Eigenschaft zu geben, so dass die Zugehörigkeit von *a* und *b* zu einer bestimmten Klasse keine brauchbare Erklärung mehr dafür wäre, dass sie beide eine bestimmte Eigenschaft aufweisen. Klassen sind nämlich identisch, wenn sie koextensional sind, d. h. wenn sie genau dieselben Mitglieder haben. Wenn nun alles, was ein Herz hat, auch eine Niere hat, und umgekehrt, dann bilden Lebewesen, die ein Herz haben, und Lebewesen, die eine Niere haben, ein und dieselbe Klasse. *Ein Herz zu haben* und *eine Niere zu haben*, sind aber verschiedene Eigenschaften, deshalb kann die Zugehörigkeit zu einer Klasse nicht das leisten, was der Rekurs auf verschiedene Eigenschaften leisten kann.

Verbreiteter ist die Verbindung von Nominalismus mit einer Bezugnahme auf Ähnlichkeiten. «Was ist es, das die Zitrone gelb macht?» Antwort: «Die Ähnlichkeit mit anderen gelben Dingen ist es, was die Zitrone und alle anderen gelben Dinge gelb macht.» Dies ist der Ansatz des *Ähnlichkeits-Nominalismus* (*Resemblance Nominalism*). Hierbei wird der Bezug auf Eigenschaften vermieden, weil man sagen kann: «Die Zitrone ist gelb und die Badeente ist ihr ähnlich.» Es gibt auf diese Weise nichts Identisches, was beiden Dingen gemeinsam wäre, sie sind einfach nur ähnlich. So betrachtet scheint die Rede von Universalien, die, obschon identisch, an verschiedenen Orten instanziiert sein können, nichts weiter als eine metaphysische Übertreibung des alltäglichen und völlig unproblematischen Phänomens der Ähnlichkeit: Dinge sind sich eben ähnlich, und wenn *b* dem *a* ähnelt, von dem wir sagen, dass es *F* sei, dann ist *b* eben auch *F*. Das Problem dieses Ansatzes scheint zu sein, dass Dinge, die wir miteinander vergleichen können, mehr als nur *ein* Merkmal haben. Stellen wir uns eine Sammlung von Bauklötzen vor, die sich durch die Merkmale rot/blau, groß/klein, quader-/würfelförmig unterscheiden. Nehmen wir einen roten, großen, würfelförmigen Bauklotz, für den es zutrifft, würfelförmig zu sein. Und nehmen wir einen zweiten, roten, großen, diesmal quaderförmigen Bauklotz. Der ist dem ersten Bauklotz zweifelsfrei ähnlich; also, müsste man schließen, ist er ebenfalls würfelförmig, weil dem ersten ähnlich. Natürlich ist dieser Schluss falsch, weil wir nicht spezifiziert haben, mit Blick auf welche Merkmale die beiden Bauklötze sich ähnlich sind. Aber wie sollen wir Merkmale spezifizieren, ohne Ausdrücke zu verwenden wie «in dieser Hinsicht», «in Hinsicht auf die Farbe/die Größe»? Eine weitere Art von Bedenken richtet sich gegen die Ähnlichkeitsrelation selbst: Der erste Bauklotz ähnelt dem zweiten. Der zweite Bauklotz ähnelt dem dritten ... «Hoppla», könnte man nun sagen, «dann gibt es zu guter Letzt ja doch noch etwas, was die Bauklötze gemeinsam haben: die Ähnlichkeitsrelation!» Wie lässt es sich für den Nominalisten vermeiden, dass die Ähnlichkeitsrelation am Ende selbst zum unerwünschten Universale wird, wenn sie doch wiederholt dazu verwendet wird, um zu erklären, warum auf mehrere Dinge dasselbe Prädikat zutrifft? Vielleicht sind sich die Ähnlichkeitsrelationen nur ähnlich. Aber bedarf es dann nicht einer weiteren Ähnlichkeitsrelation, damit sie sich ähnlich sein können?

Auch der Ähnlichkeits-Nominalismus ist daher nicht ohne Probleme. Nimmt man diese Probleme ernst, dann bieten sich an dieser Stelle im Grunde zwei theoretische Optionen: Die erste besteht in einer gemäßigten Art von Nominalismus, die nicht generell bestreitet, dass es Eigenschaften gibt, sondern lediglich bestreitet, dass es *universale* Eigenschaften gibt. Dies ist die sogenannte *Tropen-Theorie*, die wir in 3.4 behandeln werden. Die andere Option wäre es, gemäßigte Formen von Realismus zu erkunden, denn viele Kritikpunkte in 3.2 betrafen nicht den Realismus schlechthin, sondern einen etwas zu forschen, uneingeschränkten Realismus. Eine wichtige Spielart von Moderatem Realismus wird in Abschnitt 4.4 vorgestellt.

3.4 Partikuläre Eigenschaften (tropes)

Während die in Abschnitt 3.3 behandelten Varianten des Nominalismus generell versuchten, ohne die Anerkennung von Eigenschaften auszukommen, gibt es auch eine Form von Nominalismus, die zwar Universalien ablehnt, aber Eigenschaften durchaus zulässt, nämlich partikuläre Eigenschaften. Für diese partikulären Eigenschaften geistern vielerlei Bezeichnungen durch die Literatur, weitgehend durchgesetzt hat sich die englische Bezeichnung *trope* (Plural: *tropes*), so dass man im Deutschen (in Ermangelung eines besseren Ausdrucks) von einer *Tropen-Ontologie* oder einem *Tropen-Nominalismus* sprechen könnte. Unter anderem werden diese Eigenschaften auch als *partikuläre* oder *konkrete Eigenschaften*, als *partikuläre Attribute* oder *Akzidenzien*, als *Adhärenzen*, *Momente* oder *Modi* bezeichnet. Bei all diesen Bezeichnungen ist immer klar, dass es sich um nicht-universale, nicht-instanziierbare, nicht-wiederholbare Eigenschaften handeln soll, die an einer bestimmten raum-zeitlichen Stelle anzutreffen sind.

Die Entdeckung partikulärer Eigenschaften ist alles andere als neu; in der traditionellen Metaphysik wurden partikuläre Eigenschaften oft auch zusätzlich zu den universalen Eigenschaften berücksichtigt (siehe das ontologische Quadrat in 5.3). Neu am *Tropen-Nominalismus* ist hingegen, dass die partikulären Eigenschaften an die Stelle der universalen Eigenschaften treten, dass viele Vertreter dieser Richtung die partikulären Eigenschaften als die einzige, grundlegende ontologische Kategorie betrachten und dass sie die partikulären Eigenschaften nicht nur wie Charakteristika oder Züge von Einzeldingen, sondern wie deren Bestandteile behandeln. Im Hinblick auf eine solche monokategoriale, auf einer einzigen Kategorie von Entitäten beruhende Tropen-Ontologie ist die Frage daher nicht so sehr, ob solche partikulären Eigenschaften existieren oder nicht (ihre Existenz ist ja im Grunde viel offenkundiger als die von universalen oder abstrakten Eigenschaften); man fragt sich eher, in welcher Weise ein Verbund partikulärer Eigenschaften eine geeignete Analyse für gegenständliche Einzeldinge (z. B. Hund, Katze, Anrufbeantworter) darstellen kann.

Wie bestimmt man, was als *eine* oder *eine einzige* partikuläre Eigenschaft gilt? Partikuläre Eigenschaften verhalten sich definitionsgemäß so, dass sie qualitativ vollkommen übereinstimmen können, aber numerisch dennoch verschieden sind: Das *Rot dieser Tomate* und das *Rot jener Tomate* gleichen sich vollkommen oder sind qualitativ identisch, dennoch haben wir es mit zwei verschiedenen partikulären Eigenschaften zu tun.

Warum? Die nächstliegende Antwort ist die, zu sagen, dass sie eben die Eigenschaften von zwei verschiedenen Tomaten sind. Diese Antwort ist völlig in Ordnung, das Problem ist nur, dass es irgendwie zirkulär wäre zu sagen, dass ein Einzelding wie eine Tomate deswegen partikulär ist, weil es aus partikulären Eigenschaften zusammengesetzt ist, und dass dieses Rot deswegen ein partikuläres Rot ist, weil es zu einem Einzelding, der Tomate, gehört. Alternativ könnte man vielleicht sagen, es handele sich hierbei um *ein* Rot, weil es an einem anderen Ort ist wie das qualitativ identische Rot eines anderen Gegenstands. Das Problem hierbei ist, dass man dann eventuell auch an einer einzigen Tomate mehrere Rot-Tropen ausmachen könnte, weil die ausgedehnte Tomate viele Raum-Stellen einnimmt. Vielleicht müsste man also hinzusetzen, dass als einzelne partikuläre Eigenschaft das zählt, was einen zusammenhängenden, ununterbrochenen Raum einnimmt. Was aber, wenn wir zwei Tomaten mit demselben Farbton ganz eng aneinanderquetschen? Hier sind Vagheiten offenbar nicht ganz zu vermeiden.

Bei gegenständlichen Einzeldingen würde man sagen, sie seien sich ähnlich oder stimmten in einer Hinsicht überein, wenn sie eine (universale) Eigenschaft gemeinsam haben. Bei einer monokategorialen Ontologie partikulärer Eigenschaften ist diese Erklärung aber ausgeschlossen. Wie erklärt man dann metaphysisch, dass zwei numerisch verschiedene Rot-Tropen qualitativ genau übereinstimmen? Man darf ja nicht sagen, sie seien Instanzen desselben universalen Rot-Tons. Üblicherweise rekurriert man hierfür auf die Ähnlichkeitsrelation. Sobald man das tut, stellen sich aber ähnliche Probleme wie beim Ähnlichkeits-Nominalismus. Angenommen, wir haben drei qualitativ ununterscheidbare Rot-Tropen RT_1, RT_2 und RT_3. Es wäre plausibel zu sagen, dass die Ähnlichkeitsrelation, die zwischen RT_1 und RT_2 besteht, dieselbe ist wie die, die zwischen RT_2 und RT_3 besteht. Aber Achtung: In diesem Fall würde es sich um eine universale Relation handeln, die mehrfach instanziiert werden kann. Sagen wir also lieber, die beiden Relationen seien einander nur ähnlich. Aber das bringt uns zurück zum Ausgangsproblem, denn wie können sie einander ähnlich sein, wenn nicht durch eine weitere Ähnlichkeitsrelation? Es gibt unter den modernen Vertretern entsprechender Theorien daher die Tendenz zu sagen, die Ähnlichkeit sei einfach ein krudes, nicht weiter erklärbares Faktum oder die Ähnlichkeit sei eine interne Relation, die allein aufgrund der Natur einer partikulären Eigenschaft gelte und daher wie eine ontologische *Gratisbeilage* nicht wirklich zu der Eigenschaft hinzukommen muss.

3.5 Materielle Einzeldinge als Eigenschaftsbündel

Nun beanspruchen moderne Tropentheorien zumeist auch, dass sie die ontologische Konstitution von Einzeldingen erklären können. Ein einzelner Gegenstand wäre demnach wesentlich als ein Verbund aus solchen partikulären Eigenschaften anzusehen. Über die Art dieses Verbundes gibt es nun notorische Kontroversen. *Ein* Diskussionsvorschlag geht davon aus, dass diese ganzen Eigenschaften irgendeinem Ding oder Träger zukommen müssen. Einen solchen Träger von Eigenschaften, nennt man traditionell *Substrat*. Nach dieser Vorstellung haften die Eigenschaften an dem Substrat wie Nadeln an einem Nadelkissen oder wie Hüte und Mäntel an einem Kleiderständer. Ein Vorteil eines solchen Modells wäre, dass das Substrat die *Kohäsion*, den Zusammenhalt der verschiedenen Eigenschaften, erklären könnte. Wenn nun aber *sämtliche* Eigenschaften an einem solchen Substrat haften müssen, dann wäre das Substrat etwas, das an sich selbst keinerlei Eigenschaften aufweist, also vollkommen eigenschaftslos wäre, ein *nacktes Einzelding* (*bare particular*) sozusagen. Ein solches nacktes Einzelding wäre jedoch etwas, das wir auf normalem Weg nicht erkennen könnten, wenn *erkennen* heißt, dass wir Dinge immer *als etwas von einer bestimmten Beschaffenheit* erkennen. Im Grunde sind sich die meisten modernen Metaphysiker daher einig, dass dies eine höchst spekulative und daher abwegige Vorstellung ist. Die Herausforderung ist es daher, den Eigenschaftsverbund so zu beschreiben, dass er ohne ein solches Substrat auskommt. Und hierfür wurde die Vorstellung geprägt, Gegenstände seien *Bündel* von gewissermaßen gleichberechtigten partikulären Eigenschaften, in dem die Eigenschaften nicht irgendwie an einem Träger festgemacht werden, sondern nur miteinander verknüpft sind.

In welcher Weise hängen die Eigenschaften in einem solchen Bündel zusammen? Wichtig ist hier die Vorstellung, dass alle diese Eigenschaften zusammen anwesend oder präsent sind; man nennt dies daher die Relation der *Kopräsenz* (*compresence*). In einem Einzelding sind demnach viele partikuläre Eigenschaften zugleich anwesend und irgendwie miteinander verbunden. Ein einzelnes Kaninchen, nennen wir es Rusty, wäre daher nichts weiter als das Bündel seiner Eigenschaften, nämlich eines bestimmten Gewichts, einer Größe, einer Farbe, seiner Flauschigkeit usw. Bei näherem Hinsehen hat freilich auch die Relation der Kopräsenz ihre Probleme, denn müsste eine solche Relation nicht zwischen jeder einzelnen Eigenschaft und allen anderen Eigenschaften in dem Bündel bestehen? Und wenn ja, wäre das dieselbe (sprich: universale) Relation oder wären es partikuläre Relationen? Letzteres wäre ontologisch aber wenig sparsam.

Und es kommen noch weitere Probleme für die Bündeltheorie hinzu. Zum Beispiel könnten wir von Rusty wahrheitsgemäß aussagen, es sei flauschig. Wem oder welcher Entität würde diese Eigenschaft dann zukommen? Dem Eigenschaftsbündel? Dieses enthält ja aber bereits die Flauschigkeit. Wenn wir daher sagen «Rusty ist flauschig», Rusty aber mit einem Bündel an Eigenschaften identisch ist, dann wäre diese Aussage irgendwie tautologisch. Ein noch schwerer wiegendes Problem betrifft die Erklärung der qualitativen Veränderung, denn Veränderung besteht darin, dass mindestens eine Eigenschaft durch eine andere ersetzt wird. Nun wird die Identität eines Bündels ausschließlich durch die in dem Bündel enthaltenen Eigenschaften bestimmt. Wenn wir eine Eigenschaft wegnehmen, hinzufügen oder austauschen, handelt es sich nicht mehr um dasselbe Bündel (in dieser Hinsicht verhält sich das Bündel wie ein Aggregat, siehe 5.2). Angenommen nun, Rusty lege im Herbst 200 Gramm Gewicht zu, dann würde eine Eigenschaft durch eine andere ersetzt werden. Das Eigenschaftsbündel, mit dem Rusty gleichgesetzt wurde, ist dann nicht mehr dasselbe, folglich kann es sich auch nicht mehr um dasselbe Kaninchen handeln.

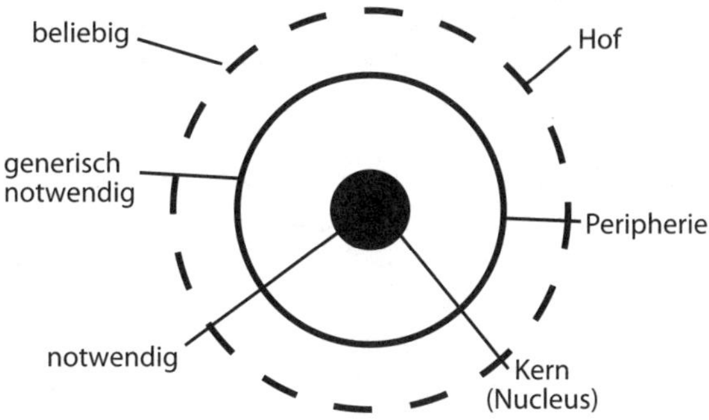

Abb. 4

Einen Ausweg könnte das Modell eines strukturierten Verbundes darstellen, wie es von Peter Simons vorgeschlagen wurde (Abb. 4). In einem derart strukturierten Verbund partikulärer Eigenschaften gäbe es einen Kern von Eigenschaften, die für den betreffenden Gegenstand notwendig sind. Dieser Kern könnte zugleich die Rolle eines Substrats übernehmen, dem die übrigen nicht-notwendigen Eigenschaften zukommen würden. Nur die im Kern zusammengeschlossenen Eigenschaften wären dann für die Identität der betreffenden Sache ausschlaggebend. Wenn wir bei unserem Beispiel bleiben, wären das alle Eigenschaften, die für ein Kaninchen wesentlich sind. Auf die notwendigen Eigenschaften im Kern folgen die generisch notwendigen Eigenschaften (jedes Kaninchen hat notwendig eine Farbe, aber nicht notwendig eine bestimmte Farbe). Den äußeren Ring von Eigenschaften, die Halo sozusagen, bilden beliebige Eigenschaften Rustys, solche, die ein Kaninchen haben kann oder auch nicht (z. B. als Kaninchenbaby fotografiert worden zu sein).

Eine solche Theorie ist *essentialistisch* (siehe 5.7), weil sie notwendige Eigenschaften (also eine *Essenz* der Sache) annimmt, jedoch nicht hyperessentialistisch wie die zuvor besprochene (unstrukturierte) Bündeltheorie, bei der jede einzelne Eigenschaft insofern notwendig ist, als ihr Verlust das Ende *dieses* Eigenschaftsbündels bedeuten würde. Schließlich wäre ein solches Modell flexibel, insofern es auch Gegenstände bzw. Bündel geben könnte, die ausschließlich aus einem Kern bestehen.

4. Tatsachen

Eigenschaften, so haben wir im vorigen Abschnitt gesehen, begegnen uns als Referenzgegenstand von bestimmten Satz*teilen* – z. B. von generellen Ausdrücken oder Prädikaten. Tatsachen, Sachverhalte und Propositionen treten uns unter anderem als Referenzgegenstand bzw. Bedeutung von ganzen Aussagesätzen («Lola rennt»), Satzfragen («Rennt Lola?») oder dass-Sätzen («... dass Lola rennt») entgegen. Sachverhalte können *bestehen* oder *nicht bestehen*, Propositionen können *wahr* oder *falsch sein*. Bei Tatsachen hingegen stellt sich nicht die Frage, ob sie bestehen oder nicht bestehen: sie sind einfach der Fall und sind somit das, was eine Proposition (z. B. die Bedeutung des Satzes, dass Lola rennt) wahr macht.

4.1 Propositionen

Wenn verschiedene Sprecher den Satz «Lola rennt» gebrauchen, können sie damit dasselbe meinen oder ausdrücken. Auch mit Sätzen unterschiedlicher Sprachen («Lola rennt», «Lola runs», «Lola court», «Η Λόλα τρέχει») kann man dieselben Propositionen ausdrücken. Es ist daher sinnvoll, zwischen diesen Sätzen selbst und ihrer Bedeutung (im Sinne von Freges *Sinn* – siehe die Einleitung zu Kap. 3) zu unterscheiden. Es gibt Philosophen, die Propositionen ablehnen; die Mehrheit aber würde Propositionen als Bedeutung von Behauptungssätzen anerkennen – nämlich als das, was wir behaupten oder bestreiten, für wahr oder für falsch halten können. Die Befürworter von Propositionen würden daher auch sagen, dass Propositionen und nicht Sätze die primären Träger von Wahrheitswerten sind.

Damit nun eine solche Proposition wahr ist, muss etwas in

der Wirklichkeit der Fall sein: In unserem Beispiel muss ein Gegenstand namens Lola tatsächlich rennen. Man könnte sagen, es sei die *Tatsache*, die darin besteht, dass Lola rennt, die die Proposition, dass Lola rennt, wahr macht. Andere würden sagen, es sei das *Bestehen eines Sachverhalts*, das die entsprechende Proposition wahr macht. Wie auch immer man die Sache nennt, es kommt auf folgende Dreiteilung an: eine sprachliche Ebene (siehe die oben angeführten Sätze), eine semantische Ebene bzw. die durch die Sätze ausgedrückte Bedeutung (d. h. die Ebene des Fregeschen Sinns, hier: die Propositionen) und die Ebene der Wirklichkeit, d. h. die Tatsachen oder die bestehenden Sachverhalte.

Propositionen sind etwas, das wir meinen, verstehen und für wahr oder falsch befinden können, etwas, das die Aufgabe hat, einen Ausschnitt der Wirklichkeit zu repräsentieren, während Tatsachen nichts repräsentieren, sondern selbst aufseiten der repräsentierten Wirklichkeit stehen. Man kann sich durch verschiedene Propositionen auf ein und dieselbe Tatsache beziehen. So könnte eine Proposition darin bestehen, dass Lola rennt, und eine andere darin, dass Mannis Freundin rennt; wer nicht weiß, dass Lola Mannis Freundin ist, kann die eine Proposition für wahr halten und die andere für falsch. Dennoch beziehen sich beide Propositionen auf dieselbe Tatsache und werden durch dieselbe Tatsache wahr oder falsch gemacht. In diesem Sinn kann man auch sagen, dass Propositionen *feinkörniger individuiert werden* als die durch sie bestimmten Tatsachen.

4.2 Wahrmacher

Was macht, allgemein gesprochen, einen Sachverhalt zu einem bestehenden Sachverhalt oder was macht, dass eine Proposition wahr ist? Antwort: Die *Wahrmacher* (*truthmaker*) machen das. Die Idee ist einfach die, dass es etwas in der Wirklichkeit gibt, was dafür verantwortlich ist, dass die eine Proposition wahr ist, die andere nicht. Die Rede von *Wahrmachern* und *Wahrmachertheorien* ist zwar erst in der jüngeren Metaphysik üblich geworden, die dahinterstehende Intuition jedoch ist schon alt.

Wir finden sie auch bei Aristoteles ausgedrückt, der sinngemäß sagt, dass nicht die wahre Aussage der Grund dafür sei, dass ein Sachverhalt besteht, sondern dass umgekehrt das Bestehen oder Nicht-Bestehen eines Sachverhalts der Grund dafür sei, dass eine Aussage – je nachdem – wahr oder falsch ist. Wenn es nun etwas in der Wirklichkeit geben muss, das der Grund dafür ist, dass Behauptungssätze bzw. die durch sie ausgedrückten Propositionen wahr sind, dann scheint es, als müssten wir die Existenz solcher wahrmachenden Entitäten anerkennen. Und das ist der Grund, warum sich Metaphysiker mit solchen Wahrmachern beschäftigen müssen. Wir befassen uns in diesem Abschnitt kurz mit dem Wahrmacherargument selbst und wenden uns im nächsten Abschnitt der Frage zu, welcher Typ von Entität denn die Rolle dieser Wahrmacher spielen könnte.

Obwohl die Grundintention des Wahrmacherarguments sehr einfach und plausibel wirkt, stellen sich bei der genaueren Ausarbeitung des Arguments zahlreiche Rätselaufgaben, mit denen der Wahrmacherfreund fertig werden muss. Zunächst ist das Argument eng mit einer bestimmten Auffassung über Wahrheit verknüpft, nämlich mit der Korrespondenztheorie der Wahrheit. Nach dieser Theorie muss der Träger der Wahrheitswerte, zum Beispiel eine Aussage oder eine Proposition, etwas sein, das die Wirklichkeit repräsentieren soll und das mit einem signifikanten Ausschnitt der Wirklichkeit übereinstimmen muss, um wahr zu sein. Dabei handelt es sich um eine altehrwürdige und keineswegs unplausible Auffassung, aber nicht alle teilen sie; wer sie nicht teilt, wird dem Wahrmacherargument tendenziell weniger abgewinnen können. Sodann stellt sich die Frage, was es denn genau heißt, dass der Wahrmacher die Aussage oder Proposition *wahr macht*. Man könnte sagen, die Existenz des Wahrmachers habe die Wahrheit *zur Folge*. Doch scheint es, als handele man sich damit mehr Wahrmacher ein, als einem lieb sein kann. Wenn etwa die fragliche Proposition die notwendige Wahrheit $p \vee \neg p$ (sprich: p oder nicht-p) beinhaltet, dann würde die Existenz jedes beliebigen Dinges die Wahrheit dieser Aussage zur Folge haben, weil die Aussage immer wahr ist. Jedes beliebige Ding müsste dann als Wahrmacher anerkannt werden. Andere haben deshalb vorgeschlagen, die Existenz eines Wahrmachers mache die Wahrheit einer entsprechenden Proposition *unausweichlich*: Dass Lola rennt, mache die Wahrheit der entsprechenden Proposition unausweichlich. Klingt plausibel, aber wenn man alle Faktoren, die die Wahrheit der Proposition, dass Lola rennt, unausweichlich machen, als Wahrmacher anführen will, erhält man vielleicht wiederum unwillkommene Wahrmacher. Vielleicht gibt es etwas, das Lolas Rennen unausweichlich gemacht hat? Wäre das dann ebenfalls ein Wahrmacher? Allgemein scheint das Problem also Folgendes zu sein: Unter einem Wahrmacher verstehen wir etwas, was für die Wahrheit der entsprechenden Proposition notwendige und hinreichende Bedingung ist und was für den Inhalt dieser Proposition wirklich *relevant* ist. Mit den vorgeschlagenen Formulierungen für die Wahrmacherbeziehung handelten wir uns allerdings *irrelevante* Kandidaten ein, während wir das Wahrmacherargument eigentlich nur dafür benutzen wollten, um für die Existenz ausgesuchter Entitäten zu argumentieren.

Eine weitere Aufgabe, die auf dem Weg zu einer überzeugenden Formulierung des Wahrmacherarguments zu bewerkstelligen ist, ist die: Soll das Argument für alle Wahrheiten, d. h. für alle wahren Propositionen, gelten oder nur für ausgesuchte? In der Metaphysik macht man keine halben Sachen, also wird man zunächst für die entschiedene Antwort «Für alle!» eintreten wollen. Diese Antwort wird auch als *Maximalismus* bezeichnet. Der Maximalismus muss nun aber auch für die Wahrheit von negativen Aussagen oder von All-Aussagen Wahrmacher benennen. Welches könnten aber die Wahrmacher der Aussage «Lola hat keine grünen Haare» sein? Man könnte auf den Umstand verweisen, dass Lola rote Haare hat und dass Rot-Sein mit Grün-Sein *unverträglich* ist. Aber bräuchte man dann nicht auch einen Wahrmacher für die Unverträglichkeitsbehauptung? Und welche isolierbaren Ausschnitte der Wirklichkeit könnten begründen, warum (wahre) All-Aussagen wahr sind? Möglicherweise müsste man sagen, dass diese Aussagen durch keinen isolierbaren Wahrmacher wahr werden, sondern durch so etwas wie die *Totalität der Wirklichkeit*, was dann natürlich zu unspezifisch wäre, um die Existenz bestimmter Entitäten zu begründen. Andere Schwierigkeiten bereiten konjunktive Aussagen wie «Lola rennt & Lola hat rote Haare». Beide Teile der Aussage sind wahr und haben ihre eigenen Wahrmacher, aber auch die Konjunktion der beiden Teile durch «&» ist wahr. Braucht sie dann nicht einen eigenen Wahrmacher? Oder sollen Wahrmacher nur für einfache, gleichsam *atomare* Wahrheiten bzw. für die Wahrheit atomarer Propositionen beansprucht werden? Das aber würde bedeuten, dass man den Maximalismus verabschiedet.

Das sind nur einige Beispiele für die Art von Problemen, mit denen man klarkommen muss, um von der plausiblen Intuition zu einer tragfähigen Theorie der Wahrmacher zu gelangen. Angenommen nun, es gelänge cleveren Metaphysikern, eine solche Theorie zu entwickeln, dann könnte man mit dieser Theorie für die Existenz bestimmter wahrmachender Entitäten argumentieren. Die mit Abstand populärste Auffassung ist die, dass *Tatsachen* die Wahrmacher von Propositionen sind, so wie die Tatsache, die im Rennen von Lola besteht, ein natürlicher Wahrmacher für die Aussage wäre, dass Lola rennt. Tatsachen lassen sich nach der hier vertretenen Auffassung am besten als die Exemplifikation einer Eigenschaft durch einen Gegenstand verstehen: Die Tatsache, die die Aussage, dass Lola rennt, wahr macht, besteht genau darin, dass Lola die Eigenschaft zu rennen exemplifiziert.

4.3 Sachverhalte und Tatsachen

Das Wahrmacherargument ist grundsätzlich dazu geeignet, die Existenz von Tatsachen oder wenigstens bestimmte Typen von Tatsachen zu etablieren. Was den Begriff der Tatsache gelegentlich verdunkelt, ist der Umstand, dass verschiedene Schulen und Traditionen die Begriffe *Tatsache* und *Sachverhalt* auf höchst unterschiedliche Weise benutzt haben. Manche nämlich bezeichnen das, was wir *Tatsachen* nennen, einfach als *Sachverhalte* (bzw. *states of affairs*), andere hingegen definieren Tatsachen als die bestehenden Sachverhalte; und wieder andere benutzen

Sachverhalt als mehr oder weniger gleichbedeutend mit dem, was wir oben als *Proposition* eingeführt hatten. Wir wollen daher das ontologische Profil der Tatsachen dadurch näher bestimmen, dass wir sie von Sachverhalten abgrenzen.

Wir hatten bereits in 4.1 Tatsachen von Propositionen unterschieden: Propositionen sind die Bedeutung von Behauptungssätzen, Tatsachen stellen den dazugehörigen Referenzgegenstand in der Wirklichkeit dar. Besonders heikel ist nun die Frage, ob man zusätzlich zu Tatsachen und Propositionen auch noch *Sachverhalte* braucht oder ob diese entweder mit den Propositionen oder mit den Tatsachen zusammenfallen. In gewisser Weise sind Sachverhalte den Propositionen ähnlich, denn so wie die Propositionen wahr oder falsch sein können, so können Sachverhalte *bestehen* oder *nicht bestehen*. Aufgrund letzterer Eigenschaft hat man Sachverhalte auch als *bipolare* Tatsachen bezeichnet. Anders als Propositionen und ähnlich wie Tatsachen beinhalten Sachverhalte aber keine Begriffe, sondern involvieren die durch Begriffe repräsentierten Eigenschaften selbst. Während die Propositionen, dass Lola rennt und dass Mannis Freundin rennt, verschieden sind, bestimmen sie ein und denselben Sachverhalt (vorausgesetzt, dass Lola Mannis Freundin ist). Außerdem scheinen Sachverhalte die genuinen Träger von Modalitäten wie *möglich*, *notwendig* und *wahrscheinlich* zu sein. So bewerten wir in einer Wahrscheinlichkeitskalkulation primär die Wahrscheinlichkeit von Sachverhalten. In dieser Hinsicht sind Tatsachen nun verschieden von Sachverhalten, denn Tatsachen können nicht entweder bestehen oder nicht bestehen; anders als Sachverhalte sind sie nicht bipolar, sondern bestehen eben in der tatsächlichen Exemplifikation einer Eigenschaft. Daher würde es auch keinen Sinn ergeben, von der Wahrscheinlichkeit einer Tatsache zu sprechen, denn die ist ja schon der Fall.

Entscheidend aber ist die Frage, ob Tatsachen, wenn schon nicht mit Sachverhalten im Allgemeinen, dann vielleicht mit der Teilmenge der *bestehenden* Sachverhalte gleichgesetzt werden können. Hierbei ist Folgendes zu bedenken: *Wenn* wir Tatsachen so verstehen wollten (wie es zahlreiche Philosophen der Vergangenheit – darunter Ludwig Wittgenstein – getan haben), dann können Tatsachen nicht mehr die Rolle der Wahrmacher spielen. Denn wenn die Tatsache, dass Lola rennt, lediglich den in Lolas Rennen bestehenden Sachverhalt darstellt, dann könnte das nicht mehr die Wahrheit der entsprechenden Aussage abschließend erklären, da wir ja eine zusätzliche Erklärung dafür bräuchten, warum der Sachverhalt besteht und nicht nicht besteht. Diejenigen Tatsachen, deren Existenz durch das Wahrmacherargument erschlossen werden, können also nicht mit bestehenden Sachverhalten gleichgesetzt werden.

Dass man die Existenz von Tatsachen behauptet, ist aber für den Tatsachenfreund nur ein erster Schritt. Der ambitionierte Tatsachenfreund würde noch einen Schritt weiter gehen und die Tatsachen als die grundlegenden Entitäten auszuweisen versuchen. Versteht man die Tatsachen als strukturiert, nämlich als die Exemplifikation von Eigenschaften durch bestimmte Gegenstände, dann müsste man zeigen, dass die entsprechenden Komponenten (die Eigenschaft und der sie exemplifizierende Gegenstand) nicht vorgängig und unabhängig existieren, sondern nur aus der Analyse der grundlegenden Tatsache gewonnen werden können; Eigenschaften und Gegenstände wären dann gewissermaßen nur Bruchstücke von Tatsachen. Die Welt bestünde demnach nicht aus Gegenständen, die, wenn ihnen danach ist, die eine oder andere Eigenschaft exemplifizieren, sondern wäre nach Ludwig Wittgensteins berühmtem Diktum *die Gesamtheit der Tatsachen, nicht der Dinge*. Stellvertretend für solche Auffassungen betrachten wir im folgenden Abschnitt die Position von David Armstrong.

4.4 Eine Welt voller Tatsachen

Einer der hartnäckigsten Kritiker der in Abschnitt 3.3 behandelten Spielarten des Nominalismus im 20. Jahrhundert ist der australische Philosoph David Armstrong. Er vertritt eine Variante des Universalien-Realismus, die im Grunde zentralen Intuitionen der Nominalisten entgegenkommt, aber sich eben doch zur Existenz bestimmter Universalien bekennt. *Eine* Motivation für viele moderne Nominalisten ist es, dass sie einem gewissermaßen naturwissenschaftlichen Weltbild entsprechen und deshalb nur konkrete Entitäten annehmen wollen (in der durchaus anfechtbaren Annahme, dass abstrakte und universale Entitäten *per se* dem Projekt moderner Wissenschaften irgendwie widersprechen würden). Dieses Anliegen teilt auch Armstrong, nur zieht er daraus andere Schlüsse: Auch er will nur konkrete Entitäten zulassen, allerdings sind eben einige dieser konkreten Entitäten – nämlich bestimmte Eigenschaften und Relationen – universal. Er fühlt sich dem Moderaten oder Aristotelischen Realismus verpflichtet, der nur Eigenschaften annimmt, die irgendwann und irgendwo einmal konkret instanziiert sind, waren oder sein werden. Damit werden Eigenschaften zu *kontingenten* Entitäten, d. h. sie hätten auch nicht existieren können. Im Unterschied zu der Annahme, dass Eigenschaften transzendent und unabhängig von der empirischen Welt existieren, kann man diesen Realismus auch einen *immanenten* nennen.

Solche immanent verstandenen, universalen Eigenschaften spielen nach Armstrong eine wichtige Rolle in den Wissenschaften. Die Physik etwa habe es mit Eigenschaften wie *geladen sein*, *eine Masse haben* usw. zu tun und mache Aussagen darüber, wie sich die Dinge der physikalischen Welt in Abhängigkeit von ihren Eigenschaften verhalten: ein Naturgesetz der Form «*ein F zu sein* gewährleistet *ein G zu sein*» binde nämlich mehrere Universalien zusammen. Dieser *szientistische*, den Naturwissenschaften verbundene Zug in Armstrongs Realismus erklärt auch, warum er nur an ganz bestimmten Eigenschaften interessiert ist. So bestätigt er ausdrücklich Ludwig Wittgensteins Bemerkung, dass es nichts gebe, was allen Spielen gemeinsam sei – dies liege nach Armstrong daran, dass der Ausdruck *Spiel* nicht hinreichend bestimmt ist. Eine Gemeinsamkeit kann es nur geben, wenn wir von genau spezifizierten Eigenschaften sprechen. Aus diesem Grund würde Armstrong keine Universalien zu *determinables* (siehe die Einleitung zu Kap. 3), wie z. B. *Gewicht* und *Größe*, annehmen, sondern nur für *determinates,* wie 5,2 kg oder 81 cm. In einem weiteren Schritt unterscheidet er zwischen den *ungehobelten*, *vorläufigen* Eigenschaften der natürlichen Sprachen, wie *rot*, *blau*, *Gewicht*, und den Eigenschaften der Physik, wie *negativ geladen*, *so und so viel Masse* usw. Universalien würde er letztlich nur für die Eigenschaften postulieren, die von der Gesamtheit der Wissenschaften, jetzt oder in Zukunft ans Licht gebracht werden.

Um zu erklären, in welcher Weise die Universalien in der raumzeitlichen Welt anwesend sind, macht Armstrong von grundlegenden Tatsachen (er nennt sie *states of affairs*) Gebrauch. Eine solche Tatsache ist etwas Einzelnes; sie besteht immer darin, dass eine universale Eigenschaft durch ein Einzelding instanziiert oder exemplifiziert wird: Zum Beispiel wird die Eigenschaft *negativ geladen zu sein* durch ein bestimmtes Elektron exemplifiziert. Diese Tatsachen sind grundlegend. Die Wirklichkeit muss man sich wie ein Netz aus solchen Tatsachen denken. Die Einzeldinge und die Universalien sind im Vergleich dazu nur zweitrangig und abhängig, weil es Einzeldinge ohne Eigenschaften ebenso wenig geben kann wie nicht-instanziierte Eigenschaften.

5. Materielle Einzeldinge und Substanzen

Jeder kennt materielle Einzeldinge, jeder hatte schon mal mit ihnen zu tun; auch Naturwissenschaften haben meist materielle Einzeldinge zum Gegenstand. Während man sich über die Existenz von Universalien, Sachverhalten, Zahlen streiten kann, finden sich nur wenige, die die Existenz materieller Einzeldinge grundsätzlich in Zweifel ziehen wollen. So betrachtet, spielen materielle Einzeldinge die Rolle unserer Lieblingsentitäten, vielleicht auch deshalb, weil wir als Lebewesen und Menschen selbst zu den materiellen Einzeldingen gehören und daher nicht ganz unparteiisch sind.

Auch in der modernen Metaphysik spielen materielle Einzeldinge eine zentrale Rolle. Meist scheint zwar ihre Existenz unstrittig, jedoch stellen sich bei ihnen Fragen ganz anderer Art: Zunächst steht der Begriff des materiellen Einzeldings für so unterschiedliche Entitäten wie Lebewesen, Teile der unbelebten Natur, Stoffe, Massen, vom Menschen hergestellte Artefakte, die Gegenstände der Naturwissenschaft, Moleküle, Atome und subatomare Partikel. Was haben alle diese Entitäten gemeinsam? Haben sie alle dasselbe ontologische Profil oder gibt es signifikante Unterschiede? Als nächstes geht es bei den materiellen Einzeldingen um die Frage, was sie denn ihrer grundlegenden Struktur nach sind: Sind sie letztlich temporäre Zusammensetzungen aus kleineren Bestandteilen (siehe Kap. 6), sind sie Bündel von Eigenschaften (siehe 3.5) oder so etwas wie Substanzen (siehe 5.3 bis 5.8)?

5.1 Raum-Besetzer und Physikalische Objekte

Was macht eigentlich einen *materiellen* Gegenstand aus? Man liegt nicht grundsätzlich falsch, wenn man die materiellen Gegenstände als räumlich ausgedehnte, zusammenhängende Körper bestimmt, die über eine Masse verfügen und durch den Raum bewegt werden können. Für den Normalgebrauch scheint das eine akzeptable Bestimmung zu sein, im philosophischen Gebrauch zeigt sich jedoch, dass schon diese Bestimmung voraussetzungsreicher ist, als man es haben möchte. Wenn etwa nur das räumlich Ausgedehnte zu den materiellen oder, wie man heute auch sagt, physikalischen Gegenständen gehört, was ist dann mit unausgedehnten punktartigen Entitäten? Oder mit Linien oder Flächen, die nur in einer oder zwei Dimensionen ausgedehnt sind? Wenn wir etwa annehmen, dass Punkte Linien, Linien Flächen und Flächen Körper begrenzen, dann würden physikalische Körper durch Dinge begrenzt und hätten Dinge als Teile, die selbst nicht physikalisch sind. Überhaupt ist der Begriff des *Körpers* mit der Vorstellung eines starken inneren Zusammenhalts (Kohäsion) und einer relativ scharfen Abgrenzung gegenüber der Umwelt verbunden. Das scheint aber eine zu einschränkende Bedingung zu sein, wenn wir eine allgemeine Bestimmung von materiellen Gegenständen anstreben, denn schon auf der makroskopischen Ebene gibt es materielle Entitäten, die keine klaren Begrenzungen aufweisen (man denke z. B.

an Pudding oder Flüssigkeiten). Erst recht scheinen diese Anforderungen problematisch, wenn man versucht, die Gegenstände der modernen Physik in den Begriff materieller oder physikalischer Gegenstände zu integrieren. Schon wenn man die molekulare Struktur von Festkörpern betrachtet, sieht man, dass diese weniger zusammenhängend und weniger scharf begrenzt sind, als es dem bloßen Auge scheint. Und die Berücksichtigung subatomarer Elementarteilchen wirft noch weiter gehende Fragen auf, da nicht alle diese Teilchen eine Masse aufweisen oder überhaupt in der Zeit persistieren. Wozu braucht man dann, könnte man fragen, überhaupt einen so weiten Begriff der materiellen Gegenstände, unter den Photonen und Quarks ebenso fallen wie Marder und Kühlschränke? Wieder könnte man argumentieren, dass, wenn Marder und Kühlschränke letztlich aus Molekülen, Moleküle aus Atomen und Atome aus Elementarteilchen bestehen sollen, es abwegig wäre, wenn die jeweils zusammengesetzten Dinge als physikalische Gegenstände angesehen würden, die sie konstituierenden Teilchen aber nicht.

In der Metaphysik hat sich daher eine noch elementarere Bestimmung als nützlich erwiesen: Unter einem materiellen oder physikalischen Gegenstand kann man alles verstehen, was in Raum und Zeit lokalisierbar ist oder eine Raum-Stelle besetzt: also alle «Raum-Besetzer» (*space-occupier*) sozusagen. Das könnte auch unausgedehnte punktartige Entitäten integrieren (sofern sie in Raum und Zeit lokalisierbar sind) ebenso wie materielle Dinge ohne eine scharfe Begrenzung. Diese basale Bestimmung stellt außerdem keine Ansprüche an die innere Kohäsion, die Kontinuität oder Persistenz solcher Gegenstände. Nennt man die so definierte Entität ein *physikalisches Objekt*, dann ist klar, dass jeder Körper ein physikalisches Objekt, aber nicht jedes physikalische Objekt ein Körper ist. Mit den sogenannten *physikalischen Objekten* hat man somit eine besonders voraussetzungsarme Konzeption materieller Gegenstände, die daher in der Lage sein soll, möglichst viele physikalische Dinge zu umfassen. So wie in dem zweidimensionalen Schema in Abb. 5 die Identität aller Entitäten hinreichend durch die Angabe je zweier Koordinaten oder durch geordnete Zweiermengen (z. B.

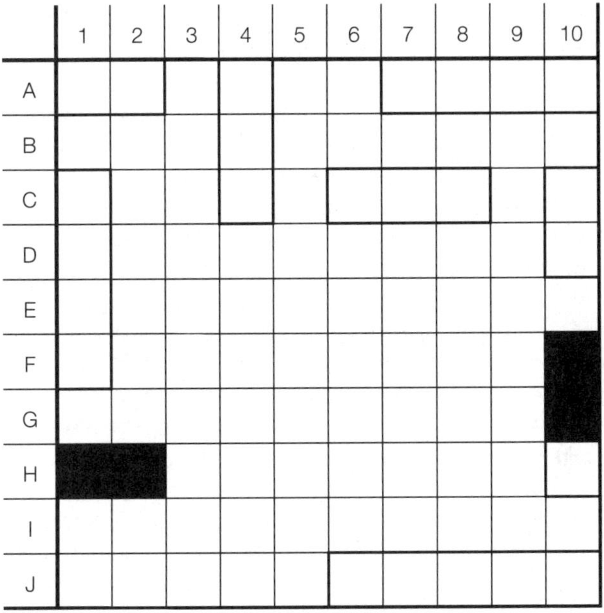

Abb. 5

{1-2; H}, {10; F-G}) bestimmt werden kann, so können in einer dreidimensionalen Welt alle physikalischen Objekte durch die Angabe dreier Koordinaten oder durch eine geordnete Dreiermenge (Tripel) von Koordinaten individuiert werden.

Nimmt man außerdem noch den Zeitpunkt oder die Zeitspanne hinzu, zu der eine bestimmte Raum-Stelle besetzt ist, dann ergibt sich, dass ein physikalisches Objekt jeweils durch eine geordnete Vierermenge (Quadrupel) von Raum-Zeit-Stellen vollständig bestimmt ist.

Eine Raum-Stelle ist entweder besetzt oder nicht besetzt. Wenn sie besetzt ist, dann ist der entsprechende Raum-Besetzer ein physikalisches Objekt. Da jede Raum-Zeit-Stelle nur einmal besetzt werden kann, stellt sich auch nicht die Frage, ob sich noch andere Gegenstände an dieser Stelle aufhalten können. Und da ein solches physikalisches Objekt hinreichend durch seine Koordinaten bestimmt ist, spielt es auch keine Rolle, von welcher Art oder Beschaffenheit ein solcher Gegenstand ist. Daher haben solche physikalischen Objekte den entscheidenden Vorteil, dass ihre Identitätsbedingungen glasklar sind: x und y sind dann und nur dann dasselbe physikalische Objekt, wenn sie dieselben Raum-Zeit-Stellen einnehmen.

Den Begriff der physikalischen Objekte hat W. V. O. Quine in die Diskussion eingeführt. Ein solches Objekt sei «der materielle Inhalt von jeglicher Portion von Raum-Zeit, gleichgültig wie ungleichmäßig, diskontinuierlich und heterogen dieser ist». Quine gebraucht diesen Begriff aber nicht nur als allgemeinste Bestimmung materieller Gegenstände, er möchte auch sagen, dass alles Konkrete, Materielle, Physikalische (d. h. für Quine alles, was es gibt, mit Ausnahme von Klassen) physikalische Objekte in dem so bestimmten Sinn sind und nichts weiter. Mit anderen Worten nimmt Quine für alles Konkrete, in Raum und Zeit Befindliche nur eine einzige Kategorie an, die Kategorie der physikalischen Objekte: Der Präsident der Vereinigten Staaten von Amerika ist demnach letztlich ein solches zeitlich diskontinuierliches Objekt, das sich aus dem Inhalt aller Raum-Zeit-Stellen zusammensetzt, die seit 1789 von den jeweils amtierenden amerikanischen Präsidenten eingenommen wurden. Auch räumlich können solche physikalischen Objekte zerstreut sein: Das *Rote* zum Beispiel ist die räumlich diskontinuierliche Gesamtheit des Inhalts aller Raum-Zeit-Portionen, die von roten Dingen besetzt werden. Das hat die etwas überraschende Konsequenz, dass das (rote) Feuerwehrfahrzeug in New York City und die (reife) Tomate auf meinem Teller als Teile eines einzigen konkreten, verstreuten Gegenstands angesehen werden müssen (zu einer ähnlichen Konsequenz siehe 6.5).

Außerdem geht Quine davon aus, dass die Zeit in strenger Analogie zu den drei räumlichen Dimensionen zu behandeln sei. Nach dieser Auffassung, dem sogenannten *Vierdimensionalismus* (siehe 5.6), ist jedes physikalische Objekt nicht nur aus räumlichen, sondern auch aus zeitlichen Teilen oder Segmenten zusammengesetzt. Somit verhalten sich Gegenstände wie Präsidenten oder Statuen nicht anders als Ereignisse wie Eishockey-

Spiele, welche klarerweise aus zeitlichen Teilen, nämlich aus drei Dritteln, zusammengesetzt sind. Dinge oder Gegenstände einerseits und Ereignisse oder Prozesse andererseits werden daher in Quines Konzeption des physikalischen Objekts aneinander angeglichen.

5.2 Stoffe, Haufen, Aggregate

Indem Quine alle materiellen Gegenstände unter eine einzige Kategorie, die der *physikalischen Objekte*, subsumiert, vernachlässigt er bewusst Unterschiede zwischen, sagen wir, einem Photon, einem Eishockey-Spiel und einem lebendigen Organismus. Eine erfreuliche Konsequenz dieser Zugangsweise ist eine elegante, weil bestechend einfache, Ontologie. Andererseits bleibt dadurch die ontologische Besonderheit verschiedenartiger materieller Entitäten unterbestimmt. So sehen viele Metaphysiker ontologisch relevante Unterschiede zwischen Stoffen und Massen einerseits und zählbaren Einzeldingen andererseits. Wie lassen sich diese näher bestimmen?

Mit *Massen und Stoffen* haben wir es einerseits zu tun, wenn wir von dem Stoff oder dem Material sprechen, aus dem ein zusammengesetzter Gegenstand besteht (das betrifft das Thema der Zusammensetzung, siehe Kap. 6). Andererseits können wir auch von Massen und Stoffen als solchen sprechen, unabhängig davon, ob sie einen anderen Gegenstand konstituieren oder nicht. Stoffe unterscheiden sich durch ihre Beschaffenheit voneinander; wenn wir von «Öl», «Cola», «Wein», «Roter Grütze», «Hefeteig» usw. sprechen, sprechen wir jeweils von andersartigen Stoffen. Während es für ein physikalisches Objekt als solches nur wesentlich ist, welche Raum-Zeit-Stellen es einnimmt, kommt es bei Stoffen daher sehr wohl auf unterschiedliche qualitative Bestimmungen an.

Nun haben es Massen und stofflich differenzierte Massen an sich, dass sie als solche *amorph* sind, d. h. dass sie an sich mit keiner bestimmten Gestalt, Kontur oder Anordnung verbunden sind. Wenn sie mit einer bestimmten Kontur auftreten, wie etwa die Rote Grütze, die in einer besonders geformten Dessertschale zubereitet wurde, dann handelt es sich um eine gewissermaßen «geliehene» Kontur, deren Zerstörung auch nichts daran ändern würde, dass es sich um Rote Grütze handelt. Man kann sich leicht materielle Einzeldinge vorstellen, bei denen das Gegenteil der Fall zu sein scheint und die Gestalt, Kontur oder Anordnung wesentlich für eine bestimmte Art von Gegenstand ist. Die Existenz und Funktion eines Fahrrads zum Beispiel ist wesentlich mit einer bestimmten Kontur und Anordnung der Einzelteile verbunden.

Massen können außerdem *zerlegt* und *unterteilt* werden, so dass die Teilungsprodukte immer neue Portionen derselben Art von Masse bzw. desselben Stoffes ergeben. Irgendwo kommt diese Zerlegbarkeit natürlich an ein Ende, zum Beispiel wenn wir bei der Unterteilung von Wasserportionen bis zu den Wassermolekülen gelangen. Dennoch scheint dies ein charakteristisches Merkmal von Massen und Stoffen zu sein, denn bei vielen Einzeldingen verhält sich das ganz anders: Durch die Zerteilung eines Fahrrads entstehen nicht beliebig viele neue Fahrräder.

Massen oder Stoffe können zu einer größeren Menge derselben Art von Stoff zusammengeführt und *aggregiert* werden. Wer zwei halbvolle Gläser Bier zusammenschüttet, erhält eine größere Portion von demselben einheitlichen Stoff, nämlich Bier, aber keine neue Art von Entität. Wenn man hingegen mehrere Katzen ganz eng aneinanderdrückt, dann werden sie dennoch nicht zu einer einzigen Entität derselben Art verschmelzen. Katzen sind – im Unterschied zu Stoffen – nicht aggregierbar.

Das alles führt dazu, dass Massen und Stoffe als solche *nicht zählbar* sind. Wenn wir sie zu zählen meinen («zwei Biere», «drei Puddings»), dann zählen wir eigentlich Behältnisse, Gefäße, Maßeinheiten oder arbiträre Portionierungen. Außerdem können Formulierungen wie «hundert Biere» dazu benutzt werden, um *Sorten* oder *Typen* von Bier zu bezeichnen; auch in solchen Fällen zählen wir nicht eigentlich den Stoff, sondern die unterschiedlichen Sorten dieser Art von Stoff.

Sprachlich gesehen werden Massen und Stoffe durch *Massen-* oder *Kontinuativ*-Ausdrücke bezeichnet, während man auf Katzen, Fahrräder und Ähnliches durch *Zähl-* oder *Individuativ-*

Ausdrücke Bezug nimmt. Bei den Kontinuativ-Ausdrücken, sagt man, fehlt das Zähl- oder Individuationsprinzip. Massen zu zählen ergibt keinen Sinn, weil eine Masse keinen einheitlichen, strukturierten und konturierten Gegenstand darstellt, der von anderen Gegenständen derselben Sorte auf nicht-beliebige Weise getrennt wäre. In Anbetracht einer bestimmten Menge von, sagen wir, Lehm, zu sagen, er sei «zwei Lehm», ergibt keinen Sinn, weil er durch Aggregierung ebenso leicht zu «einem Lehm» wie durch Zerlegung zu «vier», «acht» oder «sechzehn Lehm» usw. gemacht werden kann. Wenn wir hingegen einen Individuativ-Ausdruck, wie «Fahrrad» oder «Katze», richtig gebrauchen können, dann wissen wir auch, was als «*ein* Fahrrad» oder als «*zwei* Katzen» zählt; und es wäre aussichtslos, durch die für Stoffe beschriebenen Verfahrensweisen aus *einem* Fahrrad *zwei* oder aus *zwei* Katzen *eine* machen zu wollen.

Man sagt daher, dass Stoffe und Massen, im Unterschied zu zählbaren Einzeldingen, *kein Prinzip der Einheit* haben, d. h. kein Prinzip, das besagt, was einen einzelnen, einheitlichen, (nicht nur beliebig) abgegrenzten Gegenstand von dieser Art ausmacht. Weil das so ist, ist es beliebig, welche einzelnen Mengen oder Portionen eines bestimmten Stoffes man unterteilt oder sich aus einer größeren Menge herausnimmt. Wenn man sich aber eine bestimmte Portion eines Stoffes, etwa eine Portion Pudding, separiert hat, dann gilt, dass diese Portion Pudding dann und nur dann dieselbe ist, wenn alle Teile dieser Puddingportion dieselben sind. Das heißt, man darf nichts wegnehmen, nichts hinzufügen und auch keine Teile dieser Portion austauschen. Wenn jemand meinen Pudding leer isst und danach dieselbe Menge an Pudding wieder auffüllt, dann ist es nicht mehr *dieselbe Portion Pudding* (allenfalls eine gleichgroße, gleichartige Portion Pudding).

Ähnliches gilt für *Haufen und Aggregate*. Auch Haufen sind im Prinzip zerlegbar und sie sind aggregierbar: Aus einem ausreichend großen Haufen Holzscheite können wir mehrere machen und durch einfaches Zusammenrücken können wir mehrere Haufen zu einem einzigen fusionieren.

Wenn wir aber mal einen abgegrenzten Haufen haben wie in

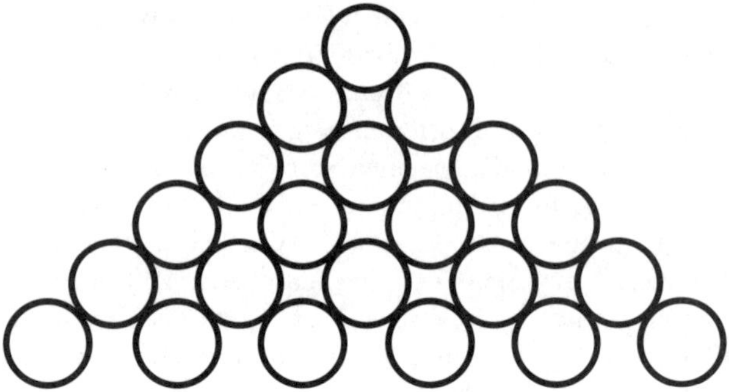

Abb. 6

Abb. 6, dann verstehen wir die Identitätsbedingungen des Haufens am besten als die eines Aggregats.

Ein Aggregat ist eine Gesamtheit oder Summe von Einzelteilen. Es ist dann und nur dann identisch, wenn alle seine Einzelteile identisch sind (so wie eine Menge dann und nur dann identisch ist, wenn alle ihre Elemente identisch sind). Das heißt, es dürfen keine Einzelteile zum Aggregat hinzugefügt oder von ihm weggenommen werden, und es dürfen keine Einzelteile ausgetauscht werden (für Aggregate gilt, mit anderen Worten, ein *Mereologischer Essentialismus*, siehe 6.1).

Der Aggregatbegriff hilft offenbar, die Identitätsbedingungen von haufenartigen Entitäten, Sammlungen, Lagerbeständen usw. zu klären. Wie aber verhalten sich Aggregate zu *gewöhnlichen Gegenständen*, also so etwas wie Fahrräder und Katzen? Ist zum Beispiel ein Fahrrad mit dem Aggregat seiner Einzelteile identisch? Hier würde man erstens geltend machen, dass es für ein Fahrrad der Summe aller Einzelteile *plus* einer bestimmten Anordnung oder Strukturierung dieser Einzelteile bedarf. Zweitens gibt es das verbreitete Phänomen, dass Teile des Fahrrads, etwa Fahrradschläuche, ausgetauscht werden müssen. Wenn das Fahrrad aber als Aggregat betrachtet wird, dann könnte es nach dem Austausch eines einzelnen Schlauches nicht mehr dasselbe sein. Noch schlimmer kommt es bei lebendigen Organismen, die ständig einzelne Körperzellen austauschen oder hinzugewinnen. Würde man eine lebendige Katze daher als Aggregat ihrer Körperzellen betrachten, dann müssten wir uns damit abfinden, dass es unmöglich wäre, ein und dieselbe Katze für länger als einen Tag oder auch nur länger als ein paar Stunden zu haben, da wir es ständig mit neuen Aggregaten von Körperzellen zu tun hätten. – Wer dies alles unbefriedigend findet, wird sich für Einzeldinge wie Fahrräder oder Katzen nach alternativen Modellen umsehen. Traditionell bietet sich die Substanztheorie dafür an.

5.3 Substanzen und andere Dinge

Verglichen mit den materiellen Einzeldingen, die wir in den vorausgegangenen Abschnitten behandelt haben, scheint es sich bei den *gewöhnlichen Gegenständen*, mit denen wir uns täglich befassen – andere Lebewesen und Mitmenschen sowie die uns umgebenden Dinge: Stuhl, Tisch, Bett, Fahrrad, Lampe, Computer –, um ontologisch recht anspruchsvolle Entitäten zu handeln. Die Art und Weise, wie wir über ihre Existenz oder ihre Identität denken und sprechen, lässt sich nicht einfach damit erklären, dass sie bestimmte Portionen der Raum-Zeit besetzen, frei beweglich sind und ihre Teile jeweils durch Kontakt verbunden sind. Vielmehr erwarten wir von solchen Dingen, dass sie sich deutlich von ihrer Umgebung und von anderen Gegenständen derselben Art abheben, dass sie eine relativ lange Zeitspanne überdauern und sich dabei nicht nur ihren Eigenschaften nach verändern, sondern sich auch – in unterschiedlichem Maße – hinsichtlich ihrer materiellen Bestandteile erneuern können. Insofern erweist sich die metaphysische Analyse gerade derjenigen gewöhnlichen, mittelgroßen, materiellen Gegenstände, mit denen wir ständig und praktisch zu tun haben und die uns vertraut und selbstverständlich erscheinen, als ein besonders anspruchsvoller und besonders kontroverser Zweig der Metaphysik.

Eine Art der metaphysischen Analyse solcher Einzeldinge besteht nun darin zu sagen, dass es sich dabei um *Substanzen* handelt. Der Ausdruck *Substanz* hat in der Geschichte der

Metaphysik sehr unterschiedliche Prägungen erfahren – ein Merkmal war dabei aber immer zentral, nämlich, dass es sich bei einer Substanz um eine Entität handeln soll, die in einem bestimmten metaphysischen Sinn von anderen Entitäten *unabhängig* ist. «Unter Substanz», sagt René Descartes, «können wir nur ein Ding verstehen, das so existiert, dass es zu seiner Existenz keines anderen Dinges bedarf.» Wie eng oder weit man diese Unabhängigkeit bestimmen soll, ist umstritten. Eine klare und radikale Antwort auf die Frage, welche Entitäten als metaphysisch unabhängig gelten können, hat Baruch de Spinoza gegeben: Wirklich unabhängig kann nur eine einzige Entität sein, nämlich Gott. Ähnlich gibt es auch in der gegenwärtigen Metaphysik monistische Positionen, denen zufolge nur eine einzige Entität im relevanten Sinn unabhängig sein könne, nämlich die Welt.

Zur Analyse von gewöhnlichen Einzeldingen setzt man daher eher den *Aristotelischen* Substanzbegriff ein. Aristoteles zufolge sind materielle Einzeldinge in dem Sinn unabhängig, dass sie die Träger von Eigenschaften oder Attributen sind, die nur an einem Träger vorkommen können (so kann die Eigenschaft der Musikalität immer nur an einem Träger, wie Mozart oder Karajan, vorkommen), aber selbst keinen Träger brauchen, an dem sie vorkommen können. Das ist die Grundidee, die als solche natürlich recht vage ist. Sie wurde im 20. Jahrhundert von verschiedenen Philosophen aufgenommen, die man als «Neo-Aristoteliker» bezeichnet, darunter Jonathan Lowe, dessen Theorie der Substanz den Hintergrund für die folgende Darstellung liefert.

Nehmen wir als Beispiel für eine Substanz Arnold Schwarzenegger. Schwarzenegger ist durch bestimmte Eigenschaften charakterisiert: Er ist muskulös, groß, charmant, kommt aus der Steiermark, ist Schauspieler und Ex-Gouverneur von Kalifornien. Versteht man diese Eigenschaften im Sinne von partikulären Attributen – also Eigenschaften, die ihm und nur ihm zukommen (siehe 3.4) –, dann besagt die Substanztheorie, dass diese partikulären Attribute nicht ohne Schwarzenegger existieren können. Außerdem sind diese partikulären Eigenschaften von anderen partikulären Eigenschaften abhängig, die dieselbe Substanz charakterisieren. So ist Schwarzeneggers Eigenschaft, steirisch zu sein, abhängig von seiner Eigenschaft, aus Österreich zu kommen. Also ist klar, dass solche partikulären Eigenschaften ontologisch abhängig sind. Ist nun nicht auch Schwarzenegger von seinen Attributen abhängig? Nein, denn grundsätzlich könnte er auch Schwarzenegger sein, ohne je Gouverneur von Kalifornien geworden zu sein und (obschon schwer vorstellbar) ohne muskulös, groß und charmant zu sein. Bei manchen Eigenschaften verhält es sich so, dass zwar jeder Mensch *irgendwoher* kommen oder *irgendeine* Körperstatur haben muss, dass es aber nicht notwendig ist, aus der Steiermark zu kommen und muskulös zu sein. Daher kann Schwarzenegger zwar nicht ohne alle Attribute sein, aber er könnte grundsätzlich ohne *diese Attribute* existieren, die er nun mal gerade hat; es besteht hier, wie man auch sagt, eine *generische*, aber keine *individuelle* Abhängigkeit. In diesem Sinn also ist Schwarzenegger, die Substanz, unabhängig, seine Attribute sind es nicht.

Nach einer moderaten Version des Universalien-Realismus (siehe 3.2) kann es nur solche allgemeinen Eigenschaften und Arten geben, die irgendwo durch irgendeinen Gegenstand instanziiert sind. Wenn das so ist, dann kann es die allgemeine Eigenschaft, österreichisch zu sein (also eine Eigenschaft, die Schwarzenegger und Wittgenstein gemeinsam ist), nur geben, wenn es österreichische Substanzen (Gegenstände oder Personen) gibt, die diese Eigenschaft *exemplifizieren* und deren jeweiliges Österreichisch-Sein die allgemeine Eigenschaft *instanziieren*. Ähnliches gilt für allgemeine Arten: Nach dem moderaten Realismus gibt es diese nur, wenn sie von irgendeiner Substanz instanziiert werden. Alle diese Verhältnisse sind in dem «ontologischen Quadrat» (Abb. 7) eingetragen.

Auf diese Weise zeigt der Substanztheoretiker, inwiefern es partikuläre und allgemeine Attribute ebenso wie allgemeine Arten nur geben kann, *weil* es Substanzen gibt. Substanzen sind nicht aus ihren Attributen oder Eigenschaften zusammengesetzt, diese sind lediglich Charakteristika einer bestimmten Sub-

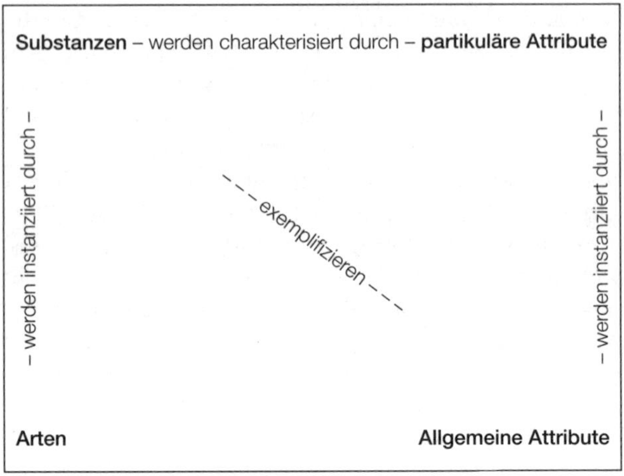

Abb. 7

stanz. Ein einzelnes partikuläres Attribut einer Substanz muss immer erst gewissermaßen aus dem Verbund der anderen Attribute dieser Substanz isoliert oder herausgelöst werden (unter all den Eigenschaften, die Schwarzenegger hat, muss sein steirischer Charme erst einmal besonders isoliert und hervorgehoben werden), während eine Substanz keiner solchen sprachlichen oder gedanklichen Operation bedarf: Sie ist, wie sie ist, als Substanz schon vollständig.

5.4 Weitere Merkmale der Substanzen

Allgemein soll die Existenz einer Substanz (in einem noch näher zu bestimmenden Sinn) nicht von der Existenz einer anderen, davon verschiedenen Substanz abhängig sein. Wenn die Existenz einer Entität hingegen von der Existenz einer anderen Entität abhängig ist, dann bedeute dies, dass jene (abhängige) Entität zum Teil oder zur Gänze deshalb existiert, *weil* dieses andere Objekt existiert. Mit diesem Merkmal von Substanzen kann man zeigen, dass zum Beispiel Schatten, obschon selbst Träger von Eigenschaften, keine Substanzen sind, denn sie existieren nur, weil etwas anderes existiert, das den Schatten wirft. Auch Löcher sind keine Substanzen, denn sie existieren nur, weil es bestimmte andere Dinge wie perforierte Socken oder Schweizer Käse gibt (siehe 2.3). Aggregate sind demnach ebenfalls keine Substanzen, denn es gibt ein bestimmtes Aggregat nur, weil es jeden einzelnen der Bestandteile gibt.

Aber ist nicht auch die Existenz von materiellen Einzelsubstanzen, etwa die eines Menschen, von der Existenz seiner materiellen Teile abhängig? Natürlich könnte ein Mensch nicht ohne sein Gehirn oder die für den Blutkreislauf erforderlichen Teile existieren. Aber nicht alle materiellen Teile sind für die Existenz eines Menschen notwendig. So können Menschen auch ganz gut ohne ihre Rachenmandeln und ohne ihr Haupthaar leben. Außerdem ist die Existenz der meisten materiellen Einzeldinge nicht von der Existenz eines bestimmten materiellen Teils abhängig, sondern nur davon, dass sie *irgendein* Teil des entsprechenden Typs haben: Die Existenz eines Fahrrads ist davon abhängig, dass es zwei Räder hat, aber nicht davon, dass es *diese* zwei Räder hat. Das heißt, die Existenz einer materiellen Substanz ist nicht grundsätzlich von der Existenz ihrer materiellen Teile abhängig, sondern lediglich von der Existenz der notwendigen materiellen Teile – und zwar nicht von der Existenz *dieses oder jenes* Teils, sondern von der Existenz eines typengleichen Teils. Außerdem könnte man (mit Jonathan Lowe) die Unabhängigkeit der Existenz von der Unabhängigkeit der Identität nach unterscheiden: Die *Identität* einer Substanz ist nicht von der Identität ihrer materiellen Teile abhängig: So kann die Identität eines einzelnen Lebewesens nicht von der Identität seiner materiellen Teile abhängig sein, wenn es eine biologische Tatsache ist, dass Lebewesen große Teile ihrer Körperzellen ständig erneuern.

Alle Substanzen sind Instanziierungen von *substantialen Arten* (siehe Abb. 6). Die substantiale Art bestimmt, was für ein Ding die Substanz ist und mit welchen Identitätsbedingungen sie verbunden ist. Die substantiale Art der Substanz Arnold Schwarzenegger ist die Art *Mensch* (siehe 5.7). Die Bedingungen, unter denen Schwarzenegger als ein und dieselbe Substanz anzusehen ist, sind genau die, die für alle Menschen gelten. Unterschiedliche Arten können mit unterschiedlichen Identitätsbedingungen verbunden sein (das ist ein Gedanke, der vor allem auf David Wiggins zurückgeht): Für *Menschen* gelten andere Identitätsbedingungen als für Fahrräder. Die Art einer Substanz anzugeben ist daher nicht dasselbe wie seine Eigenschaften und Charakteristika anzugeben, u. a. weil die Zahl der Eigenschaften einer Substanz grundsätzlich unendlich sein kann, während eine Substanz nur eine unterste Art instanziiert (die sogenannte *infima species*; natürlich fällt eine Rotwangenschildkröte auch unter die Gattung der Schildkröten, der Reptilien, der Lebewesen usw.). Jede Substanz instanziiert eine substantiale Art für die gesamte Dauer ihrer Existenz; daher können «Junge», «Greis», «Kaulquappe» usw. keine Bezeichnungen für substantiale Arten sein, da sie ihrer Natur nach nur einen bestimmten zeitlichen Abschnitt in der Existenz eines Menschen bezeichnen.

Substanzen bilden genuine Einheiten und verfügen über bestimmte Identitätsbedingungen. Ihre Einheit ist eine nichtbeliebige, nicht nur konventionell festgelegte. Daher sind sie klar gegeneinander abgrenzbar, nicht zerlegbar, können nicht überlappen und sind nicht akkumulierbar. Das ist der Grund, warum Substanzen grundsätzlich zählbar und dadurch von Massen, Aggregaten und anderen Kontinuativa unterschieden (siehe 5.2) sind.

Substanzen sind die Träger wechselnder Eigenschaften, d. h. sie sind die identischen Subjekte von Veränderungen sowohl in qualitativer (Eigenschaftsveränderung) als auch in materieller (Materieaustausch) Hinsicht. Sie sind das, was im Zuge einer Veränderung als Identisches erhalten bleibt. Da auch Ereignisse wesentlich Veränderungen sind, dienen Substanzen auch als die Träger von Ereignissen: Ein Hundertmeterlauf ist ein Ereignis, das an einem oder mehreren Trägern, den Läufern, vonstatten geht. Um diese Rollen spielen zu können, müssen Substanzen in der Zeit persistieren: Der Läufer, der sich beim Hundertmeterlauf gegen den Startblock abstößt, ist derselbe, der kurz darauf die Ziellinie überquert. Der Läufer ist ein *Kontinuant*, eine diachron identische Substanz, die nicht aus zeitlichen Teilen zusammengesetzt ist, sondern zu jedem Zeitpunkt ihrer Existenz vollständig vorhanden ist (siehe 5.6).

5.5 Substanz und Unabhängigkeit

Substanzen sind Entitäten, die von anderen Entitäten ontologisch unabhängig sind. Der hier involvierte Unabhängigkeitsbegriff soll unter anderem in der Lage sein zu erklären, inwiefern zum Beispiel partikuläre Attribute (z. B. Schwarzeneggers steirischer Charme) von bestimmten Substanzen (hier: Schwarzenegger) abhängig sind, diese Substanzen aber nicht von ihren Attributen. Sieht man näher hin, erweist sich die Aufgabe, diese Unabhängigkeit näher zu bestimmen, als durchaus anspruchsvoll. Zunächst gilt es, verschiedene Sinne von Unabhängigkeit auszuschließen, die hier nicht einschlägig sind. Zum Beispiel geht es nicht darum, dass eine Substanz unabhängig von ihren Erzeugern oder Eltern existieren soll. Natürlich sind Substanzen in diesem Sinn von anderen Substanzen abhängig. Der Sinn von Unabhängigkeit, den die Ontologie sucht, muss also einer sein, bei dem es darum geht, dass Substanzen nicht für die gesamte Dauer ihrer Existenz von anderen Entitäten abhängig sein sollen. Es geht auch nicht darum, dass eine Substanz ohne geeignete Umwelt inklusive Nahrung, Luft zum Atmen (falls nötig) usw. auskommen soll.

Ein Versuch, den relevanten Sinn von Abhängigkeit oder Unabhängigkeit zu definieren, hat Peter Simons mithilfe von *modalen* Operatoren unternommen: ‹*x* ist abhängig von *y*› bedeute, dass es, wenn es *x* gibt, notwendigerweise auch *y* geben muss ($\Box$ (E!$x \rightarrow$ E!y)). Demnach wäre *x* eine Substanz, wenn es kein *y* derart gibt, dass *x* in dem genannten Sinn von *y* abhängig wäre. Beispiel: Notwendigerweise gilt, dass, wenn es Schwarzeneggers steirischen Charme gibt, es auch Schwarzenegger geben muss. Klingt plausibel. Schwarzenegger ist eine Substanz dann und nur dann, wenn es keine Entität derart gibt, dass Schwarzenegger in dem genannten Sinn abhängig wäre. Klingt ebenfalls plausibel. Nun könnte man aber zum Beispiel sagen, dass, wenn es Schwarzenegger gibt, es notwendig auch die Einer-Menge gibt, die Schwarzenegger als einziges Element enthält: {Schwarzenegger} – und plötzlich wäre Schwarzenegger keine Substanz mehr. Das wirkt vielleicht konstruiert, zeigt aber einen wunden Punkt, nämlich dass die modale Bestimmung der Unabhängigkeit anfällig ist für Entitäten, die notwendig existieren, wenn die angebliche Substanz existiert, und damit den entsprechenden Begriff der Unabhängigkeit unbrauchbar machen.

In jüngerer Zeit haben daher zwei andersartige Versuche, die für die Substanz relevante Form von Unabhängigkeit zu bestimmen, für Gesprächsstoff gesorgt. Die *essentialistische* Zugangsweise geht auf Kit Fine zurück. Seine Grundidee ist die, dass die Notwendigkeit in der Essenz einer Sache gründet. Die Essenz einer Sache enthält alle Propositionen, von denen gilt, dass sie aufgrund des Wesens oder der Identität einer Sache wahr sind. Wenn es das Wesen des Korkenziehers ist, Korken aus der Flasche zu ziehen, dann gehören alle Propositionen zur Essenz des Korkenziehers, die allein aufgrund dieses Wesens wahr sind, wie die Aussage, dass Korkenzieher nur mit Bezug auf gekorkte Flaschen Anwendung finden. ‹*x* ist abhängig von *y*› heißt nach Fine dementsprechend, dass es eine Proposition gibt, die zur Essenz von *x* gehört und von der *y* ein Konstituent ist. Beispiel: Zur Essenz von Schwarzeneggers steirischem Charme gehören Propositionen, die den Charme auf Schwarzenegger beziehen (z. B. dass der Charme zu Schwarzenegger gehört); da sie «Schwarzenegger» als Konstituenten enthalten, ist die partikuläre Eigenschaft *Charme* von der Substanz *Schwarzenegger* abhängig. Umgekehrt enthält die Essenz von Schwarzenegger keine Proposition, die den Charme oder irgendein anderes Attribut (z. B. steirisch, muskulös) als Konstituenten enthalten, weshalb Schwarzenegger sich als Substanz qualifiziert. Der Clou dieses Ansatzes ist daher zu fragen, ob das Wesen oder das, was die Identität einer Sache ausmacht, auf irgendeine andere Entität Bezug nehmen muss; dann nämlich und nur dann ist sie im relevanten Sinn abhängig.

Neben dem essentialistischen Zugang von Fine hat sich der *explanatorische* Zugang (Lowe, Schnieder) zur Unabhängigkeitsfrage etabliert. Die Grundidee ist die, dass man sich auf Erklärungen stützt, wie sie in *weil*-Sätzen vorgenommen werden. ‹*x* ist abhängig von *y*› heißt demnach, dass notwendigerweise *x* nur existiert, *weil y* existiert oder dass die Existenz von *x* eine Erklärung erfordert, in der *y* eine Rolle spielt. Beispiel: Schwarzeneggers steirischer Charme existiert nur, *weil* Schwarzenegger existiert. Ein Vorteil gegenüber der modalen Bestimmung der Unabhängigkeit besteht klarerweise darin, dass hier keine unbeteiligten Entitäten (wie die Einer-Mengen u. ä.) mit ins Spiel kommen. Allerdings ist der Ausdruck *weil* mehrdeutig; er könnte auch eine kausale Beziehung anzeigen, die hier aber nicht gemeint ist. Was tatsächlich gemeint ist, wird eher aus folgendem Beispiel deutlich: «Schwarzeneggers Charme existiert, *weil* Schwarzenegger charmant ist.» In dieser Erklärung wird nicht nur auf die Existenz einer Sache verwiesen (dann nämlich müsste die bloße Existenz von Schwarzenegger die Existenz so unterschiedlicher Attribute erklären, wie die von Schwarzeneggers Charme, seiner Muskulosität, seiner österreichisch-steirischen Herkunft usw.), sondern darauf, dass sich eine Sache in einer bestimmten Weise verhält. Man könnte sagen, die Existenz von Schwarzeneggers Charme *wurzle in* oder *sei gegründet auf* (Englisch: *being grounded in*) der Tatsache, dass Schwarzenegger charmant ist. Das ist der Ursprung eines Forschungsgebiets der Metaphysik, das in den letzten Jahren immer mehr Beachtung fand, nämlich die Erforschung einer Relation, die man *grounding* nennt und darauf hinausläuft, dass eine Sache (oder ein Sachverhalt) eine andere Sache *begründet*. Die für die Substanz typische ontologische Unabhängigkeit würde nach dieser Auffassung darin bestehen, dass die Existenz einer Substanz durch keine andere Sache begründet wird.

5.6 Zeitliche Teile

Über die Art und Weise, wie materielle Einzeldinge in der Zeit persistieren, gibt es seit Jahrzehnten eine intensive Debatte, die durch zwei entgegengesetzte Lager geprägt ist. Nach einem von David Lewis geprägten Begriffspaar bezeichnet man das eine

Lager als das der *Perdurantisten* (z. B. Quine, Lewis, Sider), das andere als das der *Endurantisten* (z. B. Merricks, Fine). Nach Lewis persistiert eine Sache durch *Perduranz*, wenn sie mehrere zeitliche Teile hat, von denen keiner zu mehr als einem Zeitpunkt vollständig anwesend ist, und sie persistiert durch *Enduranz*, wenn sie als Ganze zu mehr als nur einem Zeitpunkt vollständig anwesend ist. Man charakterisiert daher die Gruppe der Perdurantisten durch die Annahme von zeitlichen Teilen eines materiellen Einzeldings bzw. durch die Annahme, dass ein solches Einzelding ebenso aus zeitlichen wie aus räumlichen Teilen zusammengesetzt ist, und die Endurantisten durch die Leugnung eben dieser Annahme. Die perdurantistische Redeweise von zeitlichen Teilen scheint zu implizieren, dass, wenn ich zu einem bestimmten Zeitpunkt mit einer bestimmten Person spreche, ich nicht mit der ganzen Person (d. h. der Summe ihrer zeitlichen Teile), sondern immer nur mit einem zeitlichen Teil oder einer Zeitscheibe dieser Person spreche. Die Endurantisten nehmen daran Anstoß, dass nach diesem Bild Einzelsubstanzen, zum Beispiel Personen, in der Gegenwart immer nur unvollständig vorhanden wären, und vertreten den Standpunkt, dass Einzeldinge zu jedem Zeitpunkt als Ganze oder vollständig vorhanden sind. Da sich Ereignisse klarerweise aus zeitlichen Teilen zusammensetzen und erst die Summe aller zeitlichen Teile das vollständige Ereignis ausmacht, lässt sich die Kontroverse zwischen beiden Lagern auch so beschreiben, dass Perdurantisten Einzeldinge wie Ereignisse analysieren, indem sie das vollständige Einzelding wie eine Summe oder ein Aggregat aus allen zeitlichen Teilen und somit ähnlich wie ein Ereignis beschreiben. Eine Strategie der Endurantisten könnte nun darin bestehen, dass sie auf den Unterschied zwischen Ereignissen und Einzeldingen hinweisen. Folgender Vergleich mag dabei nützlich sein: Um ein Einzelding bildlich darzustellen, um zu zeigen, was für eine Art von Ding es ist, genügt in der Regel ein einzelnes Bild; um dagegen ein Ereignis darzustellen, brauchen wir eine ganze Sequenz von Bildern oder, am besten, ein ganzes Video. Wer das Anfangsbild eines Videos auf dem Bildschirm hat, kann, noch bevor er das Video startet, möglicherweise einzelne

Figuren oder Personen erkennen, die in dem Video eine Rolle spielen werden. In diesem Sinn könnte man sagen, dass die abgebildeten Figuren oder Personen zu jedem beliebigen Zeitpunkt ihrer Existenz vollständig waren. Was für ein Ereignis (oder was für eine Handlung) auf dem Video dargestellt ist, kann man aber erst sehen, wenn man das Video abspielt.

Beide Standpunkte scheinen außerdem mit verschiedenen Auffassungen der Zeit verbunden zu sein; zumindest legen bestimmte Auffassungen der Zeit eher den einen als den anderen der beiden Standpunkte nahe. Wenn der Perdurantist eine Person als die Summe ihrer zeitlichen Teile beschreibt, dann nimmt er gewissermaßen eine zeitlich neutrale (manche sagen «göttliche») Perspektive ein, von der aus man alle durchlaufenen Zeitpunkte gleichberechtigt in den Blick nehmen kann und die vergangenen oder künftigen zeitlichen Teile als nicht weniger real annimmt als die gegenwärtigen. Eine solche Auffassung kann man als *äternalistisch* beschreiben. Ein Endurantist könnte die Angemessenheit einer solchen Perspektive bestreiten mit dem Hinweis, dass wir immer in der Gegenwart leben. Dies könnte er zu der *präsentistischen* These zuspitzen, dass nur die Gegenwart real ist. Dies scheint zumindest besser zu seiner Auffassung zu passen, dass ein Einzelding zu jedem Zeitpunkt seiner Existenz – also zu jedem je gegenwärtigen Zeitpunkt seiner Existenz – vollständig vorhanden und anwesend ist, da die vergangenen und künftigen Zeitpunkte für alle, die nicht in der Lage sind, eine göttliche Perspektive einzunehmen, gar nicht real sind und daher für die Vollständigkeit eines Individuums auch keine Relevanz haben können.

Schließlich wird der perdurantistische Standpunkt von einer vierdimensionalistischen Auffassung über Raum und Zeit begünstigt. Vierdimensionalisten berufen sich auf Hermann Minkowskis Raum-Zeit-Kontinuum oder Albert Einsteins Relativitätstheorie und folgern aus diesen physikalischen Theorien der Zeit, dass die Zeit in strenger Analogie zu den räumlichen Dimensionen zu behandeln sei. Genauso wie wir räumlich ausgedehnt sind – wir können mit den Füßen den Boden und zugleich mit dem Kopf die Decke berühren –, so seien wir eben auch in der Zeit ausgedehnt. Und genauso wie ein Teil von uns am Boden und der andere Teil von uns nahe der Decke ist, so liege eben auch ein zeitlicher Teil von uns in der Vergangenheit und ein anderer in der Zukunft. Der Endurantist bestreitet nun in der Regel nicht die physikalischen Theorien, auf die sich der Vierdimensionalist stützt, sondern er bestreitet die Relevanz dieser Theorien für die Frage von zeitlichen Teilen oder verweist auf Disanalogien zwischen Raum und Zeit (wir können uns an einen anderen Ort bewegen, können aber nicht in der Zeit vorwärts- und rückwärtsreisen) oder bringt den Vierdimensionalismus mit der äternalistischen Zeitauffassung in Verbindung, die keine Option für den gewöhnlichen (nicht-göttlichen) Betrachter darstellt.

Verschiedene Perdurantisten unterscheiden sich darin, was sie genau unter den *zeitlichen Teilen* verstehen; manche sprechen von *Phasen*, die durchaus ausgedehnt sein können, andere legen Wert darauf, dass sie sich auf unausgedehnte und damit einfache Raum-Zeit-Punkte beziehen. Entsprechend wäre es für die einen akzeptabel, einen zeitlichen Teil von Arnold Schwarzenegger als Schwarzenegger-2004 zu bestimmen, während die anderen nur einen unausgedehnten, durch ein Quadrupel von Raum-Zeit-Koordinaten bestimmten Moment zulassen würden (siehe 5.1). In jedem Fall aber würden sie, wenn man den Unterschied der beruflichen Betätigung von Schwarzenegger in den Jahren 1996 und 2004 beschreiben wollte, sagen, dass es ein zeitlicher Teil von Schwarzenegger war, der sich 1996 als Schauspieler betätigte, und ein anderer Teil, der 2004 als Gouverneur von Kalifornien amtierte. Der Endurantist dagegen würde sagen, dass ein und dieselbe Person 1996 Schauspieler und 2004 Gouverneur von Kalifornien war. Beide Standpunkte rechnen es sich nun als Vorzug an, dass sie mit dem Problem der Veränderung besser umgehen können. Die Perdurantisten würden sagen, nach endurantistischer Auffassung bestehe ein Problem darin, dass Schwarzenegger 2004 noch Gouverneur war, 2012 aber nicht mehr: ein und dieselbe Sache kann nicht kontradiktorische Eigenschaften haben. Dieses Problem werde gelöst, indem man anerkennt, dass die Eigenschaft, ein Gouverneur zu sein, einer anderen Zeitscheibe von Schwarzenegger zukomme als die Eigenschaft, kein Gouverneur zu sein. Gerade diesen vermeintlichen Vorzug nehmen aber die Endurantisten als Anlass für die Kritik, dass der Perdurantist eigentlich gar keine Veränderung anerkenne, denn für ihn gebe es ja kein identisches Ding, das sich vom Schauspiel zum Politiker, vom Politiker zum Gouverneur und vom Gouverneur zum Pensionisten entwickle. Vielmehr werde ein Ding bzw. eine Zeitscheibe, auf die es zutrifft, Schauspieler zu sein, abgelöst durch eine Zeitscheibe, die Politiker oder Gouverneur ist, aber es gebe nichts Beständiges, was eine solche Veränderung durchlaufe.

5.7 Essenzen

Die klassische Substanztheorie ist mit einer weiteren wichtigen Voraussetzung verbunden – mit der Voraussetzung nämlich, dass es einen Unterschied gibt zwischen notwendigen Eigenschaften einerseits, ohne die die einzelne Substanz nicht das wäre, was sie ist, und nicht-notwendigen oder «akzidentellen» Eigenschaften andererseits, die eine Substanz haben oder nicht haben kann, die aber nicht die Identität der Substanz beeinträchtigen. Die klassische Substanztheorie beinhaltet daher einen *Essentialismus* – die Annahme, dass Dinge *Essenzen* haben. Um diese Annahme gab es in der Philosophie des 20. Jahrhunderts eine intensive Debatte, die sich an dem Unterschied von sogenannten *de re-* und *de dicto*-Modalitäten entzündete: Es geht dabei um die Frage ob Modalitäten (wie *notwendig* oder *möglich*) sich immer nur auf bestimmte Beschreibungen von Dingen richtet (*de dicto*), oder auf die Sache selbst (*de re*). W. V. O. Quine griff den Essentialismus mit folgendem Beispiel an: Für einen Mathematiker sei es notwendig, vernunftbegabt zu sein, aber nicht notwendig, zweibeinig zu sein. Für einen Fahrradfahrer sei es dagegen notwendig, zweibeinig zu sein, aber nicht notwendig, vernunftbegabt zu sein. Das Beispiel zeige, dass es von der Beschreibung einer Sache abhänge, was notwendig ist und was nicht (d. h. dass es sich um *de dicto*-Modalitäten handele). Wer nun an der Essenz oder dem *Wesen* einer Sache interessiert ist, würde sich nicht mit solchen *de dicto-Modalitäten* abfinden, sondern möchte wissen, ob es Eigenschaften gibt, die diese Sache notwendig und unabhängig von allen Beschreibungen und konventionellen Festsetzungen haben muss.

Quines Bedenken gegen *de re*-Modalitäten gelten heute bei den meisten Metaphysikern als überwunden. Unter anderem hat Saul Kripke gezeigt, dass es Dinge gibt, die *notwendigerweise* von *diesem* bestimmten Gegenstand – unabhängig von jeder Beschreibung – gelten. Zum Beispiel gilt von jedem Gegenstand *notwendig*, dass er mit sich selbst identisch ist. Kripke selbst nennt das Beispiel, dass es für eine bestimmte Person notwendig ist, aus ihren und keinen anderen Eltern (d. h. aus dem Samen und der Eizelle von Vater und Mutter) hervorgegangen zu sein. Denn wäre sie aus anderen Eltern hervorgegangen, wäre sie eine andere Person. Man nennt diese These auch einen *Ursprungs-Essentialismus*. Die klassische Substanztheorie dagegen ist mit dem sogenannten *Sortal-Essentialismus* verknüpft, der behauptet, dass zumindest jede Einzelsubstanz wesentlich einer bestimmten *Art* angehört, etwa der Art *Mensch* oder *Delfin*. Der Sortal-Essentialismus besagt nun, dass es für einen einzelnen Gegenstand, der als Angehöriger einer bestimmten Art entstanden ist, notwendig ist, dass er Angehöriger dieser Art bleibt, solange er existiert, und dass er notwendigerweise alle Eigenschaften besitzt, die die Zugehörigkeit zu dieser Art ausmachen. Wenn – nach einem alten Schulbeispiel – Zweibeinigkeit und Vernunftbegabung das Menschsein ausmachten, dann wären diese Eigenschaften die Essenz jedes einzelnen Menschen.

5.8 Resümee: Substanz und ihre Konkurrenten

Die Substanzontologie macht seit Aristoteles einen prägenden Teil der westlichen Metaphysik aus. Gerade in der modernen Metaphysik nimmt sie oft für sich in Anspruch, näher am Commonsense zu sein (näher z. B. als die an der Physik orientierten Theorien der Metaphysik) und eine Theorie gerade für die *gewöhnlichen Gegenstände* unserer Alltagswelt anzubieten. Die Substanztheorie scheint daher vielen *intuitiv* einleuchtender zu sein als ihre Konkurrenten. Allerdings ist es mit der Intuition manchmal so eine Sache: Auch Gegner der Substanztheorie wie die Perdurantisten würden für sich in Anspruch nehmen, dass sie mit einer Erklärung der Veränderung aufwarten können, die unseren Intuitionen besser gerecht werde als die der endurantistischen Substanztheorie.

Ein Nachteil der behandelten Art von Substanztheorie ist es, dass sie eine relativ exklusive Theorie ist, die, wenn überhaupt, nur auf einen kleinen Teil der materiellen Welt anwendbar ist. Selbst viele entschiedene Anhänger der Substanztheorie ziehen sich, wenn es hart auf hart kommt, darauf zurück, dass sich vielleicht nur Lebewesen (nach Meinung mancher sogar nur Personen) als echte Substanzen qualifizieren können. Was wäre dann mit den unbelebten Teilen der Natur: lassen die sich alle unter *Massen und Stoffen* subsumieren? Behandeln wir nicht auch einzelne Berge oder Vulkane wie individuelle Träger von Eigenschaften? Und was ist mit den von Menschen hergestellten Gegenständen, den Artefakten? Einerseits spielen sie in unserem Alltagsleben eine entscheidende Rolle und sind ebenso Träger von Eigenschaften wie Lebewesen. Andererseits gibt es für solche künstlichen Gegenstände kein absolut vorgegebenes Prinzip der Einheit und der Individuierung: Ob etwas als ein Artefakt von einer bestimmten Art zählt oder nicht, hängt sehr stark von unseren Interessen und Zwecksetzungen ab.

Schließlich ist die Substanztheorie definitiv nicht für kleinste Teilchen – und schon gar nicht für die Elementarteilchen der modernen Physik – geschaffen. Die Einsicht in diese prinzipielle Begrenzung der Substanztheorie war auch eine wichtige Motivation für die Entwicklung alternativer Theorien. In diesem Zusammenhang stellt sich auch die grundsätzliche Frage, ob die Metaphysik eher die Aufgabe haben soll, die ontologischen Annahmen der Alltagssprache offenzulegen, oder ob die Metaphysik in erster Linie die ontologischen Verpflichtungen der Naturwissenschaften ausarbeiten soll.

Wie wir gesehen haben, wird von einer Aristotelischen Substanz erwartet, dass sie als Exemplar einer bestimmten Art entsteht und dann bis zu ihrem unwiderruflichen Vergehen als numerisch ein und dieselbe Substanz erhalten bleibt. Eine Alternative zu dieser Auffassung bietet im Allgemeinen der Vierdimensionalismus bzw. Perdurantismus (siehe 5.6). Quines Konzeption der physikalischen Objekte (siehe 5.1) bietet zudem eine Alternative, die keine Anforderungen an die Kontinuität, die Kohäsion oder die Artbestimmtheit von materiellen Gegenständen erhebt. Noch grundsätzlicher könnte man den Einwand erheben, dass die ganze Substanzontologie auf eine unzulänglich begründete Sympathie für ein *statisches* Sein zurückgehe. Das brächte einen in die Nähe der sogenannten *Prozessontologen*, die sich auf Heraklits «Alles fließt» berufen und die Prozesshaftigkeit des Seienden zu Unrecht durch die Dominanz der Substanztheorien unterdrückt sehen. Die grundlegenden Entitäten der Prozessontologie sind solche, die nicht als etwas Bleibendes für eine bestimmte Zeitspanne existieren und nicht durch ihre raum-zeitliche Position individuiert werden, sondern solche, die *vonstatten gehen* oder *vor sich gehen* und durch ihre Funktionen individuiert werden (Rescher, Seibt). Für den Begründer der modernen Prozessontologie, Alfred N. Whitehead, sind daher «Geschehnisse» (*actual occurences*) solche grundlegenden Entitäten.

Eine der Grundannahmen der Substanztheorie war es, dass jede Einzelsubstanz wesentlich als Instanz einer substantialen Art zu verstehen ist, die für die Identitätsbedingungen des betreffenden Gegenstands verantwortlich ist. Dadurch besteht ein entscheidender Unterschied zwischen notwendigen Eigenschaften (solchen, die mit der Artzugehörigkeit zu tun haben) und solchen Eigenschaften, die den betreffenden Gegenstand lediglich in der einen oder anderen Weise charakterisieren. Wer besonders diese Voraussetzung für fragwürdig hält, könnte eine Spielart der Bündeltheorie bevorzugen (siehe 3.5), denn in einem *Bündel* von Eigenschaften sind zunächst einmal alle Eigenschaften gleichberechtigt. In jedem Fall scheint sich die Bündeltheorie (oder ihre *power*-ontologische Erweiterung, siehe 7.3) zur metaphysischen Beschreibung auch sehr elementarer Teilchen zu eignen (ein Elektron zum Beispiel könnte einfach als Bündel der Eigenschaften analysiert werden, die seine Ladung, seine Masse und seinen Spin betreffen) und wäre damit flexibler einsetzbar als die Substanztheorie.

Schließlich ist es wesentlich für Substanzen, dass sie ein einheitliches Ganzes darstellen und dass dieses Ganze in *dem* Sinne «mehr» ist als die Summe der einzelnen materiellen Bestandteile, dass der Verlust oder der Austausch einzelner (nicht-notwendiger) Teile die Identität des Ganzen unberührt lässt, weswegen die Identität der Teile über die Zugehörigkeit zum Ganzen und nicht umgekehrt die Identität des Ganzen durch die der Teile bestimmt wird. Eine Alternative hierzu wäre, dass man nicht das Ganze als grundlegend betrachtet, sondern umgekehrt die Bestandteile – und zwar möglichst die elementaren, nicht-zusammengesetzten Bestandteile. Wenn die elementaren Bestandteile aber grundlegend sind, dann wäre gerade das daraus Zusammengesetzte (die uns bekannten *gewöhnlichen Gegenstände*) das nur Abgeleitete und Flüchtige. Aus dieser Perspektive betrachtet stellt sich dann eher die Frage, ob überhaupt irgendetwas Zusammengesetztes grundlegend sein kann und ob alle Zusammensetzungen nur flüchtig und beliebig sind, oder ob es nachhaltigere und nicht-nur-beliebige Arten der Zusammensetzung geben kann. Solche Fragen werden in der Debatte um die materielle Zusammensetzung (*composition*) diskutiert, die Gegenstand von Kap. 6 sein wird.

6. Teile und Zusammensetzung

Gewöhnliche materielle Einzeldinge (siehe Kap. 5) sind in der Regel zusammengesetzt; sie bestehen aus einem oder mehreren Stoffen. Dadurch werden Fragen aufgeworfen, die die materielle Konstitution betreffen. Ist ein jedes materielles Ding identisch mit dem Stoff, aus dem es besteht? Ist zum Beispiel das Reiterstandbild Friedrichs des Großen, das *Unter den Linden* aufgestellt ist, identisch mit der Gesamtheit der darin verarbeiteten Bronze? Oder ist es etwas davon Verschiedenes? Wenn es verschieden ist, heißt das dann, dass an der betreffenden Stelle *Unter den Linden* zwei verschiedene Dinge am selben Ort sind? Oder wird die besondere Gestalt, die diesem Bronzeklumpen vom Bildhauer gegeben wurde, ontologisch überschätzt und wir sehen dort nichts weiter als einen Klumpen Bronze, der in einer an die Gestalt Friedrichs des Großen gemahnenden Weise geformt wurde?

Ein mit der materiellen Konstitution eng verwandter Untersuchungsbereich betrifft die Frage, unter welchen Umständen mehrere Dinge oder Teile ein anderes Ding (ein «Ganzes») zusammensetzen. Die metaphysische Disziplin, die sich allgemein mit Fragen von Teilen befasst, ist die Mereologie («Lehre vom Teil»). Die Mereologie, wie sie heute in der Philosophie betrieben wird, geht ursprünglich auf eine mathematische Theorie zurück, die unter anderem von dem polnischen Mathematiker und Logiker Stanisław Leśniewski als Alternative zur Mengenlehre entwickelt wurde. Der Begriff des *Teils* der Mereologie ist denkbar weit gefasst: Die Klingel ist Teil meines Fahrrads, das Tortenstück Teil der Torte, Limettensaft ist Teil des Caipirinha. Wenn wir Beispiele für Teile nennen sollen, bevorzugen wir leicht abtrennbare Teile, es gibt aber auch Teile, die nur arbiträr abgegrenzt sind, wie der durchgesessene Teil auf der linken Seite des Sofas. Die Grundrelation der Mereologie ist «$x < y$» (x ist Teil von y). Ist es möglich, dass $x < y$ und $y < x$? Kann x Teil von y sein und zugleich y Teil von x? Manche Mereologen lassen dies zu, sprechen dann aber von einem *uneigentlichen* Teil; für einen *eigentlichen* Teil gilt dagegen: «$x < y$ und $x \neq y$» (x ist Teil von y, und x ist vom Ganzen verschieden). Dinge überlappen, wenn sie einen Teil gemeinsam haben (x und z überlappen, wenn für ein y gilt: $y < x$ und $y < z$). Dinge sind disjunkt, wenn sie nicht überlappen. Schließlich ist ein wichtiger Begriff der Mereologie die sogenannte *mereologische Summe*: x ist die mereologische Summe von y, wenn jedes y Teil von x ist und jeder Teil von x mit mindestens einem y überlappt. Beispiel: Die mereologische Summe aller Cents in meiner Tasche ist etwas, von dem alle Cents in meiner Tasche Teile sind und dessen Teile sämtlich mit mindestens einem Cent in meiner Tasche überlappen. Ein *mereologisches Atom* ist ein Ding, das keine Teile hat: *y* ist mereologisches Atom, wenn es kein *x* derart gibt, dass *x* ein Teil von *y* wäre.

6.1 Form und materielle Konstitution

Ein klassisches Modell zur metaphysischen Erklärung von materieller Konstitution finden wir in Aristoteles' Unterscheidung von Form und Materie: In der sinnlich wahrnehmbaren Welt seien alle (zumindest alle nicht-elementaren) Dinge aus Form und Materie zusammengesetzt. Formen kann es nicht unabhängig von der Materie geben, die durch sie geformt wird. Standardbeispiel ist die Statue: Was der Bildhauer vorfindet, ist ein (amorpher) Klumpen Bronze; alles, was zu diesem Zeitpunkt auf der Werkbank des Bildhauers existiert, ist diese Bronze. Dann beginnt der Bildhauer, die Bronze in eine bestimmte Form oder Gestalt zu bringen. Dadurch entsteht eine neue Entität, die Statue, die zuvor nicht existiert hat, die aber auch nicht aus dem Nichts geschaffen wurde, sondern eben aus jener Bronze. Solange die Statue existiert, *besteht* sie aus der Bronze bzw. hat Stücke von Bronze als ihre materiellen Teile. Zwischen der Statue und der Bronze besteht das Verhältnis der *materiellen Konstitution*. Natürlich kann die Statue nach einiger Zeit auch wieder eingeschmolzen werden; was dann übrig bleibt, ist ein amorpher Klumpen Bronze, wie wir ihn schon vor der Herstellung der Statue vorgefunden haben. Natürlich war dieselbe Bronze auch die ganze Zeit über da, als die Statue existierte – nur hätte man in dieser Zeit nicht gesagt «Schau mal, ein Stück Bronze», sondern «Schau mal, eine Statue». Man könnte nun den Standpunkt vertreten, dass ontologisch betrachtet die spezielle künstlerische Gestaltung der Bronze eigentlich keinen Unterschied bedeutet. Was ontologisch zählt, ist der Umstand, dass sich da eine bestimmte Menge an Bronze befindet; ob uns ihre Gestalt an einen Gott oder Menschen erinnert (wir könnten ja auch in dem amorphen Klumpen ein Gesicht wiederzuerkennen meinen), ist lediglich eine Frage von menschlichen Konventionen und unserer subjektiven Wahrnehmung. Wir fügen der Welt nichts hinzu, wenn wir die Bronze in eine Form bringen, die uns irgendwie anspricht oder die uns an jemanden erinnert.

Das ist eine vertretbare und in der modernen Metaphysik oft vertretene Auffassung. Die traditionelle Form-Materie-Metaphysik verfolgt hingegen die umgekehrte Strategie: Solange wir nur von Bronze, Holz, Steinen sprechen, würde Aristoteles sagen, ist noch nicht entschieden, was für eine Art von zählbarem und definierbarem Einzelding daraus zusammengesetzt ist. Aus einem Haufen von Holzstücken kann man eine Bank, ein Bett, eine Hütte herstellen – *was für ein Ding* oder was für eine Art von Ding daraus entsteht, entscheidet die Form, nicht die Materie. Für eine Statue als Statue bedeutet es noch nicht einmal einen Unterschied, aus welcher Art von Materie – aus Bronze, Eisen, Marmor – sie besteht. Das heißt, Aristoteles vertritt einen Form-Essentialismus: Er macht die Form zur Essenz oder zur wesentlichen Eigenschaft einer jeden Sache. Der Begriff der Form ist dabei sehr weit gefasst, er meint nicht immer die Gestalt oder die äußeren Umrisse – diese dienen nur zur Illustration. *Form* bezeichnet die spezifische Weise, wie eine Portion Materie arrangiert und organisiert ist (eine Katze kann sehr unterschiedliche *Gestalten* annehmen, aber sie behält – solange sie lebt – die Katzen*form*). Durch die Form wird jedes Ding zum Exemplar einer Art oder Sorte, daher läuft Aristoteles' Form-Essentialismus auf einen *Sortal*-Essentialismus (siehe 5.7) hinaus.

Wenn es für Dinge wie Statuen und Betten wesentlich ist, die Statuen- oder die Betten-Form aufzuweisen und dadurch zur Art der Statuen oder Betten zu gehören, dann hat das wichtige Konsequenzen für das Verhältnis dieses ganzen Dings zu seinen Teilen: Der Austausch einzelner Teile ist für die Identität der einzelnen Statue oder des einzelnen Bettes unerheblich, solange sie ihre wesentliche Form als Statue oder als Bett bewahren. Wer sich also auf die Seite des Form- oder Sortal-Essentialismus schlägt, der vermeidet den sogenannten *Mereologischen Essentialismus*, d. h. die Auffassung, dass ein Ding alle seine Teile essentiell besitzt und dass es aufhören würde zu existieren, wenn es auch nur einen dieser Teile verlöre (siehe auch 5.2).

Im Gegensatz zum Mereologischen Essentialismus scheint

der Aristotelische Form- oder Sortal-Essentialismus hinsichtlich der Frage nach dem Status materieller Einzelteile besonders geeignet, um unsere alltäglichen Intuitionen über materielle Gegenstände theoretisch zu modellieren. Wenn wir zum Beispiel ein Auto besitzen, dann ist es selbstverständlich, dass im Laufe der Zeit einzelne Teile desselben ausgetauscht werden müssen oder auch gänzlich verloren gehen. Wenn ich nun mein Auto morgens zur Werkstatt bringe und es abends mit neuen Zündkerzen abhole, dann meine ich keineswegs, dass ich ein *neues* oder ein *anderes* Auto zurückbekommen habe. Ich denke nicht, dass sich die Zahl der von mir besessenen Autos im Laufe des Tages um eins erhöht hat, ich gehe nicht zur Meldestelle und zur Versicherung, um zu sagen, dass ich ein anderes Auto habe. Genauso fest gehen wir davon aus, dass wir als Personen und Lebewesen dieselben sind wie noch vor, sagen wir, einem Monat, obwohl sich durch Stoffwechsel ein erheblicher Teil unserer Körperzellen erneuert hat. Solche Überzeugungen haben Spuren in unserem Selbstverständnis und in unseren sozialen Praktiken hinterlassen: Wir tragen noch immer denselben Eigennamen, wir sind als dieselbe Person beim Einwohnermeldeamt registriert, haben dieselben «ID-Karten», sind für die vor einem Monat getätigten Ausgaben verantwortlich, werden von denselben Personen als Vater, Mutter, Kind, Geschwister, Partner angesehen usw. Zu all diesen Überzeugungen und Praktiken scheint die Ablehnung des Mereologischen Essentialismus und die Akzeptanz von so etwas wie einem Form-Essentialismus die passende Hintergrundtheorie zu liefern.

6.2 Paradoxien und Probleme der materiellen Konstitution

Der skizzierte Form- oder Sortal-Essentialismus scheint daher geeignet, viele Intuitionen, die wir über die materielle Konstitution haben, theoretisch zu untermauern. Allerdings ist dieses Modell auch leicht an seine Grenzen zu bringen. Angenommen, wir bringen eine antiquarische Uhr zum Uhrmacher und bekommen sie nach einigen Tagen mit neuem Ziffernblatt, neuen

Zeigern und neuer Unruh zurück. Einerseits hat die Uhr ihre essentielle Form und Artzugehörigkeit bewahrt und lediglich ein paar neue Teile erhalten. Andererseits hört bei Antiquitäten der Spaß, d. h. die Großzügigkeit im Umgang mit Teilen, schnell auf, und manch einer verwandelt sich in einen Mereologischen Essentialisten, der auf der Identität jedes einzelnen Teils beharrt. Ein anderes Beispiel: Wir bringen eine gewöhnliche Uhr zum Uhrmacher und erhalten eine stark veränderte Uhr zurück: Die Zeiger seien noch dieselben, alle anderen Teile hätten ausgetauscht werden müssen. Dieselbe Uhr oder eine andere? Einerseits ist es immer noch eine Uhr und die Identität materieller Einzelteile ist dem Form-Essentialisten nicht heilig; andererseits erscheint der Austausch so vieler Teile doch etwas abrupt. Das zeigt deutlich, dass der Austausch von Teilen im Form-Essentialismus und im Commonsense bestimmten, meist unausgesprochenen Regeln unterliegt; so dürfen, das lernen wir aus dem Beispiel, offenbar nicht *alle* Teile oder nicht die Mehrzahl der Teile *auf einmal* ausgetauscht werden. Aber wo genau liegt die Grenze? Wie viele Teile dürfen auf einmal ausgetauscht werden? Nicht mehr als 50 Prozent? Und was heißt eigentlich «auf einmal» oder «abrupt»? Würde sich das Bild grundlegend ändern, wenn der Uhrmacher pro Stunde (pro Tag? pro Woche?) nur *ein* Teil ausgetauscht hätte? Hier braucht man offenbar Regeln und Konventionen; einige von diesen mögen besonders «praktikabel» sein, aber sie offenbaren doch ein erhebliches Maß an Beliebigkeit. Ziel der Metaphysik war es ja aber nicht, irgendwie auszuklügeln, bis wann ein Gegenstand als identisch angesehen werden kann; vielmehr ging es ihr um die grundlegenden Entitäten, die auch ohne unser Zutun identisch oder verschieden sind. Wenn man dagegen solche Vagheiten und Beliebigkeiten vermeiden möchte, dann bietet sich der Mereologische Essentialismus als ein vernünftiger Ausweg an: Er liefert ein glasklares Kriterium dafür, wann eine Sammlung von Einzelteilen dieselbe ist und wann nicht.

Das klassische, schon bei Plutarch überlieferte Paradox von Theseus' Schiff offenbart noch mehr Probleme dieser Art: Ein Schiff, das dem mythischen Herrscher von Athen, Theseus, gehört haben soll, wurde von den Athenern über Jahrhunderte gebraucht. Es konnte daher nicht ausbleiben, dass einzelne Planken verrotteten und daher ausgetauscht werden mussten. Irgendwann einmal waren alle Planken ausgetauscht, und es stellte sich die Frage, ob das erneuerte Schiff (Schiff^{E}) noch dasselbe ist wie das originale Schiff^{O}. Von hier an lässt sich der Fall in verschiedene Richtungen entfalten: Nach den Beispielen des letzten Abschnitts würden wir kaum zögern zu sagen, dass Schiff^{O} den Austausch einzelner Planken unbeschadet seiner Identität übersteht – vorausgesetzt, dass die Form des Schiffes und die damit verbundene Funktionsfähigkeit erhalten bleibt. Aber der Austausch *aller* Teile stellt natürlich eine besondere Herausforderung dar. Der ein oder andere könnte daher geneigt sein zu sagen, dass Schiff^{E} und Schiff^{O} verschiedene Schiffe sind. Das Problem wäre dann festzustellen, von wann an genau Schiff^{O} in Schiff^{E} überging: nachdem genau eine Planke mehr als die Hälfte aller Planken ausgetauscht worden war? Oder gab es Übergangsphasen, wie z. B. Schiff^{OOE}, Schiff^{OE}, Schiff^{OEE}? Vielleicht sollte man in Anbetracht dieser Vagheiten bei der ursprünglichen Intention bleiben, dass Schiff^{O} und Schiff^{E} identisch sind – schließlich erfolgte ja der Austausch der Planken kontinuierlich. Was aber, wenn jemand all die alten Planken von Schiff^{O} aufbewahrt und sie vielleicht aus nostalgischen Gründen zu dem typgleichen Schiff^{N} zusammensetzt? Schiff^{N} enthält ausschließlich Teile von Schiff^{O}, so dass Schiff^{N} nicht anders zu behandeln ist wie Schiff^{O}, wenn es zu Wartungszwecken zeitweilig in alle Einzelteile zerlegt und wieder zusammengesetzt worden wäre. Also müsste Schiff^{N} mit Schiff^{O} identisch sein. Schiff^{O} kann aber nicht zugleich mit zwei verschiedenen Schiffen – Schiff^{E} und Schiff^{N} – identisch sein. Wer in diesem Beispiel auf die fortdauernde materielle Instanziierung einer Form und der damit verbundenen Funktionsfähigkeit als hinreichende Identitätsbedingung setzt, wird Schiff^{O} und Schiff^{E} als identisch betrachten. Jedoch illustriert der komplette Austausch aller Teile zusammen mit der Möglichkeit der Konstruktion von Schiff^{N}, dass auch die Identität der Teile als Identitätsbedingung nicht von der Hand zu weisen ist.

6.3 Zwei oder noch mehr Dinge am selben Ort?

Gehen wir nochmals zurück zum Beispiel der bronzenen Statue. Zum Zeitpunkt t_1 haben wir einen amorphen Bronzeklumpen, zum Zeitpunkt t_2 haben wir eine fertige Statue, irgendwann später beschließt der Künstler, die Statue einzuschmelzen, so dass wir zu t_3 wieder nur noch einen Bronzeklumpen vor uns haben. Da dem Bronzeklumpen nichts hinzugefügt und nichts von ihm weggenommen wird, ist er zu t_1, t_2 und t_3 derselbe und existiert zu allen diesen Zeitpunkten. Die Statue existiert aber weder zu t_1 noch zu t_3, also haben die Statue und der Bronzeklumpen unterschiedliche zeitliche Eigenschaften. Nach dem *Prinzip der Ununterscheidbarkeit des Identischen* (siehe 1.7) haben identische Dinge dieselben Eigenschaften, so dass, was nicht dieselben Eigenschaften hat, auch nicht identisch sein kann. Wenn die Statue andere Eigenschaften hat als der Bronzeklumpen, dann kann sie nicht mit der Bronze identisch sein. Also sind beide verschieden, und wir sehen zu t_2 nicht *ein* Ding, sondern *zwei* Dinge auf der Werkbank. Das ist die These, die sich aus einer modernen Erweiterung des Aristotelischen Form-Materie-Modells ergibt und die man als die *Zwei-Dinge-Theorie* bezeichnen könnte. Auf den ersten Blick wirkt sie recht kontraintuitiv, denn wer zum Zeitpunkt t_2 auf die Werkbank blickt, wird vermutlich den Eindruck haben, dort *ein* Ding, nämlich die Statue, zu sehen. Außerdem verletzt die *Zwei-Dinge-Theorie* einen weiteren metaphysischen Grundsatz, nämlich den, dass nicht zwei materielle Dinge zur selben Zeit denselben Raum einnehmen können (*Unmöglichkeit der Kohabitation*). Der Verteidiger des klassischen Form-Materie-Modells könnte in dieser Situation vielleicht reklamieren, dass die materielle Konstitution ein besonderes Verhältnis (ein Verhältnis *sui generis*) darstellt, so dass die Statue und die Bronze weder identisch noch verschieden sind.

Man kann das Unbehagen über die *Zwei-Dinge-Theorie* aber auch als symptomatisch für die Auffassung ansehen, dass ein geformter Gegenstand durch die Form irgendwie mehr sein soll als die Summe seiner Teile. Nach dem Form-Materie-Modell kommt ein Schneeball zustande, indem wir einer Portion Schnee die Form eines Balles geben. Wie bei der Bronzestatue hat auch der Schnee andere Eigenschaften als der Schneeball, so dass beide nicht identisch sind. Drücken wir den Schneeball an einer Stelle etwas ein, verliert das Gebilde seine Ballförmigkeit und ein neues Ding mit einer anderen Form, sagen wir ein Schneeball-mit-Delle-erster-Stufe, beginnt zu existieren (dass es für *diese* Form keine bessere Bezeichnung gibt, ist ein Zufall unserer Sprache). Drücken wir dieses Gebilde noch weiter ein, entsteht wieder etwas Neues, nämlich ein Schneegebilde mit einer neuen Form, nennen wir es Schneeball-mit-Delle-zweiter-Stufe, usw. bis wir bei einem Gegenstand angelangen, der eher *Schneescheibe* als *gedellter Schneeball* genannt zu werden verdient. Dies gilt, wenn wir sagen, dass, wann immer eine Portion Materie eine distinkte Form annimmt, ein bestimmter Gegenstand, für den diese Form wesentlich ist, zu existieren beginnt.

Lassen wir nun das Szenario einer sich zeitlich erstreckenden Deformation des Schneeballs weg und betrachten den Schneeball zu einem einzigen Zeitpunkt. In dem (relativ) perfekten Schneeball ist schon jetzt ein Ding mit der Form «Schneeball-mit-Delle-erster-Stufe» enthalten, der Schneeball-mit-Delle-erster-Stufe ist nämlich ein echter Teil des Schneeballs. Darin wiederum ist ein Schneeball-mit-Delle-zweiter-Stufe, darin einer mit Delle-dritter-Stufe usw. bis hin zur Schneescheibe enthalten. Alle diese Dinge haben eine andere essentielle Form als der Schneeball und sind daher andere, vom echten Schneeball verschiedene Dinge, die einen Teil desselben Raums einnehmen, den auch der Schneeball einnimmt. Wenn wir die gedellten Sub-Schneebälle nur fein genug unterscheiden, ergibt sich daraus eine unendliche Zahl von Dingen, die in einem einzigen Schneeball enthalten sind. Das nennt man eine *Explosion von Entitäten* – d. h. die Zahl von Entitäten, zu der wir uns aufgrund einer metaphysischen Annahme verpflichten, gerät völlig außer Kontrolle.

Dies scheinen nicht ganz unerhebliche Probleme für das Form-Materie-Modell zu sein. Man könnte sie zu heilen versuchen, indem man arbiträre Formen wie die eines Schneeballs-mit-Delle-erster/zweiter/dritter/usw.-Stufe verbietet. Die Substanztheoretiker (siehe 5.3 bis 5.8) würden vermutlich sagen: «Das ist nicht die Art von *Form* oder von substantialer *Art*, die wir eigentlich meinten.» Aber was wäre eine geeignete, nicht-beliebige Grenzziehung zwischen sozusagen *echten* und nur *erfundenen* Formen und Arten? Vielleicht müsste man auf die Formen natürlicher Dinge oder natürlicher Organismen zurückgreifen, die nicht beliebig oder arbiträr sind, weil sie irgendwie von der Natur vorgegeben scheinen? Das ist erwägenswert, bedarf aber in jedem Fall einer weiteren Ausarbeitung.

6.4 Van Inwagens spezielle Frage der Zusammensetzung

Peter van Inwagen hat eine Frage formuliert, die er die «spezielle Frage der Zusammensetzung» nennt und die von verschiedenen Metaphysikern mit zum Teil sehr radikalen Vorschlägen beantwortet wurde. Mit Bezug auf Theseus' Schiff könnte man fragen: Unter welchen Umständen setzen Planken einen anderen Gegenstand, zum Beispiel ein Schiff, zusammen? Oder: Unter welchen Umständen konstituieren sie einen anderen Gegenstand? Oder allgemeiner: Unter welchen Umständen wird aus den vielen Teilen ein einheitlicher zusammengesetzter Gegenstand? Um die Frage ganz neutral zu formulieren und die Einheit von Dingen nicht schon vorauszusetzen, benutzt van Inwagen für die Bezeichnung von Teilen die Plural-Variable *x*e (ein *x*, mehrere *x*e): Wann setzen *x*e ein *y* zusammen? Dass *x*e ein *y* zusammensetzen, soll bedeuten, dass alle *x*e Teile von *y* sind, keine *x*e überlappen und jeder Teil von *y* mit mindestens einem der *x*e überlappt. Die Frage lautet dann: Unter welchen Umständen, unter welchen notwendigen und hinreichenden Bedingungen ist der folgende Satz wahr: «∃y (*x*e setzen *y* zusammen)» (sprich: «Es gibt mindestens ein *y*, das aus *x*en zusammengesetzt ist»)?

Auf den ersten Blick scheint die Beantwortung dieser Frage ziemlich einfach: Es gibt ein *y*, das aus *x*en zusammengesetzt ist, wann immer die *x*e sich gegenseitig *berühren* oder miteinander *in Kontakt stehen.* Die Sträucher in meinem Garten setzen sich zu *einer Hecke* zusammen, weil sie sich an den Ästen berühren. Leider ist es nicht immer so einfach. Die in einer überfüllten U-Bahn eng aneinandergepressten Fahrgäste berühren sich, aber sie bilden zusammen keinen weiteren Gegenstand. Wenn sich zwei Philosophen die Hand reichen, dann berühren sie sich ebenfalls, bilden dadurch aber keinen neuen Gegenstand. Also kann Kontakt keine hinreichende Bedingung sein. Kontakt ist noch nicht einmal eine notwendige Bedingung, denn ein Atomkern bildet zusammen mit den ihn umkreisenden Elektronen zweifellos ein Atom, jedoch brauchen sie sich dafür noch nicht einmal zu berühren.

Vielleicht, so könnte man vermuten, ist *Kontakt* als solcher ein zu unverbindlicher Zusammenhang; vielleicht bedarf es einer zusätzlichen Arretierung oder *Befestigung* – zum Beispiel durch Nägel, Bänder, Klebstoff, Verhakung. Klingt plausibel, es lassen sich jedoch ebenfalls Gegenbeispiele finden: Die Maus, die in die Falle tappt, ist sicherlich irgendwie «arretiert», würde sich aber gegen die Beschreibung verwahren, dass sie nun zusammen mit der Falle Teil eines neuen Gegenstandes sei. Durch die Literatur geistert auch das etwas grotesk anmutende Beispiel, dass die beiden Philosophen, die sich die Hände reichen, im Moment des Händeschüttelns von einer partiellen Lähmung heimgesucht werden und dadurch den anderen nicht mehr loslassen können. Auch sie sind in dieser misslichen Lage irgendwie «verhakt» oder «arretiert», aber bilden deshalb noch lange keinen neuen Gegenstand.

Die besondere *Kohäsion*, die wir offenbar von Dingen erwarten, die zusammen einen einheitlichen Gegenstand bilden sollen, könnte auch dadurch eingelöst werden, dass diese Dinge zusammen *eine Bewegung* ausführen: Egal wie die Teile der Axt zusammengefügt sind, sie bilden dadurch *einen* Gegenstand, dass sie, wenn sie geschwungen werden, zusammen *eine* Bewegung ausführen. Guter Versuch! Aber die im Schwarm schwimmenden Fische führen viele einheitliche Bewegungen durch und bilden trotzdem keinen neuen Gegenstand.

Man könnte in dieser Situation erwägen, ob die spezielle

Frage nach der Zusammensetzung nicht realitätsnah durch den Hinweis auf *unterschiedliche Grade* der Befestigung oder Kohäsion beantwortet werden könnte. «Ist dieser Grad an Kohäsion denn nun schon hinreichend oder nicht?» – Wenn man solche Fragen stellen muss, dann ist es offenbar vage, ob bestimmte Dinge einen einheitlichen Gegenstand bilden oder nicht. Man könnte der Vagheit durch Einführung von Grenzwerten Einhalt gebieten, aber das wäre letztlich beliebig. Vagheit und Beliebigkeit möchte die Metaphysik aber vermeiden; wenn Vagheiten auftreten, dann sollten sie auf der Vagheit unserer Begriffe beruhen und nicht der Wirklichkeit zugeschrieben werden.

Die genannten und verworfenen Vorschläge sollten nun ausreichen, um zu illustrieren, dass die Antwort auf die Frage nach der Zusammensetzung keineswegs so leicht zu beantworten ist, wie es zunächst schien. Einige Metaphysiker haben aus solchen Schwierigkeiten den Schluss gezogen, dass die Frage nach der Zusammensetzung nur auf eine besonders radikale Weise beantwortet werden kann. *Eine* solche radikale Antwort stellt die Auffassung dar, dass es überhaupt keine zusammengesetzten Dinge gibt (auch «Nihilismus» genannt), sondern nur mereologische Atome:

Wenn alle Versuche, die Frage nach der Zusammensetzung kohärent, einvernehmlich und ohne Beliebigkeit zu beantworten, anscheinend scheitern, wäre es dann nicht die sauberste Lösung, den Gedanken einfach aufzugeben, dass durch Zusammensetzung neue Gegenstände neben oder über den einfachen, nicht zusammengesetzten Dingen entstehen könnten? Der mereologische Nihilismus behauptet: Es gibt gar kein *y* derart, dass *y* aus *x*en zusammengesetzt wäre. Was wäre dann mit den gewöhnlichen Gegenständen des Commonsense (Hund, Katze, Elefant, Flaschenöffner), die doch offensichtlich aus Teilen zusammengesetzt scheinen? Der Nihilist würde sagen: Letztlich existieren nur die einfachen Dinge (*simples* bzw. *mereologische Atome*), alles andere sind konventionell eingesetzte Bezeichnungen für bestimmte Arrangements von einfachen Dingen. Nun könnte man gegen den Nihilisten folgendes Szenario entwerfen: Sagen wir, von den beiden Sätzen

(1) Es gibt einen Flaschenöffner in der Schublade.
(2) Es gibt einen Elefanten in der Schublade.

sei Satz (1) wahr und Satz (2) falsch. Für den Nihilisten aber wären beide Sätze gleichermaßen falsch, weil es weder Elefanten noch Flaschenöffner gibt. Das wirkt abwegig. Diesem Einwand kann der Nihilist nun aber ein Stück weit entkommen, indem er die Sätze folgendermaßen paraphrasiert:

(1') Es gibt in der Schublade flaschenöffnerartig arrangierte mereologische Atome.
(2') Es gibt in der Schublade elefantenartig arrangierte mereologische Atome.

Die Intuition, dass es einen Unterschied hinsichtlich der Wahrheit von Satz (1) und Satz (2) geben muss, kann jetzt dadurch eingelöst werden, dass wir Satz (1') für wahr und Satz (2') für falsch ansehen. Dennoch bleibt der Nihilismus eine Theorie, die ihre Einfachheit und Klarheit durch die kontraintuitive Annahme erkaufen muss, dass keines der gewöhnlichen Dinge, nicht einmal wir Menschen, existiert. Peter van Inwagen selbst hat einen Vorschlag zur Beantwortung der speziellen Frage nach der Zusammensetzung gemacht, der grundsätzlich dem Nihilismus sehr ähnlich sieht, jedoch eine wichtige Ausnahme enthält, nämlich die Lebewesen: Lebende Organismen sind zusammengesetzt und existieren trotzdem. Ansonsten gibt es nur mereologische Atome, das heißt, dass zum Beispiel vom Menschen hergestellte Dinge, Artefakte, ebenso wenig existieren wie nicht-belebte, nicht-einfache Dinge der Natur wie Steine, Berge usw. Klarerweise hat dieser Vorschlag mit denselben Problemen zu kämpfen wie der Nihilismus; wenig plausibel scheint zum Beispiel, dass nach dieser Auffassung nicht einmal die Atome der Physik oder die Moleküle der Chemie existieren würden, da sie ja keine *simples* oder keine mereologischen Atome sind, sondern zusammengesetzt. Und was wäre, wenn es gar keine kleinsten Teile gäbe, sondern die Welt gewissermaßen aus einem atomlosen Brei bestünde? Offenbar würde dann gar nichts außer Lebewesen existieren.

Welchen Grund hat van Inwagen, eine Ausnahme für Lebewesen einzuräumen? Sein Gedanke ist der: In anderen Fällen taten wir uns schwer, hinreichende Bedingungen dafür auszumachen, dass *xe* ein *y* zusammensetzen. Warum sollte irgendeine Menge einfacher Dinge ein neues zusammengesetztes Ding ausmachen? Bereichern wir wirklich die Welt, fügen wir ihr wirklich eine neue Entität hinzu, wenn wir Sandkörner (oder die ihnen zugrunde liegenden mereologischen Atome) zu einer burgförmigen Erhebung aufhäufen? Das sei grundlegend anders bei lebendigen Organismen, denn bei ihnen konstituieren die mereologischen Atome *durch ihre Aktivität* ein Leben. Hier und nur hier entstehe durch die kausale Interaktion der Teile ein neuer zusammengesetzter Gegenstand.

6.5 Uneingeschränkte Zusammensetzung?

Die These von der *uneingeschränkten Zusammensetzung* (*unrestricted composition*) behauptet, dass es für jede Auswahl an (nicht überlappenden) Einzeldingen ein weiteres Objekt gibt, das aus diesen Einzeldingen zusammengesetzt ist: Für alle *xe* gilt, dass es ein *y* gibt, das aus ihnen zusammengesetzt ist. Als Konsequenz aus der ergebnislosen Suche nach den allgemein hinreichenden Bedingungen der Zusammensetzung übt sich diese Position hinsichtlich der Frage der Zusammensetzung in größtmöglicher Großzügigkeit. Um Teil einer zusammengesetzten Entität zu sein, bedarf es keiner räumlichen und zeitlichen Nähe, keiner gemeinsamen Vorgeschichte, vielmehr kann jedes Ding mit jedem beliebigen anderen Ding eine zusammengesetzte Entität bilden. Die Klingel meines Fahrrads, der Dolch, mit dem Cäsar ermordet wurde, die grauen Schläfen von George Clooney und ein Staubkorn auf dem Mars können Teile eines zusammengesetzten Gegenstands sein.

Unsere spontane Reaktion ist vermutlich die, dass wir von solchen Entitäten noch nie etwas gehört haben; auf den ersten Blick wirkt das Ganze etwas versponnen. Der Vertreter der uneingeschränkten Zusammensetzung aber kann entgegnen, dass er lieber *keine* Einschränkung in der Frage der Zusammensetzung akzeptiert als eine *beliebige* Einschränkung und dass sich alle vorgeschlagenen Einschränkungen (nur was sich berührt, nur was fest verbunden ist, nur was sich gemeinsam bewegt, usw.) als beliebig erwiesen haben. Wie beim Nihilismus handelt es sich um eine Position, die durch ihre Kompromisslosigkeit besticht, jedoch hat auch sie ein gewaltiges Folgeproblem, nämlich die unkontrollierbare Explosion der Zahl von Entitäten.

Insgesamt haben die radikalen Ansätze, die wir in diesem und im letzten Abschnitt betrachtet haben, den Vorteil, die in den Abschnitten 6.2 und 6.3 behandelten Probleme zu umgehen. Weder für Nihilisten noch für die Vertreter uneingeschränkter Zusammensetzung stellt sich das Problem von Theseus' Schiff. Der Nachteil ist, dass sie sich dafür viele kontraintuitive Konsequenzen einhandeln: Der Nihilismus (sowie van Inwagens Vorschlag) bestreitet die Existenz von Dingen, die uns wichtig und geläufig scheinen, und die uneingeschränkte Zusammensetzung führt zu kuriosen neuen Dingen und einer ontologischen Überbevölkerung. In Anbetracht solcher Konsequenzen könnte man sich fragen, ob van Inwagens Frage nach der Zusammensetzung überhaupt die Art von Antwort haben kann, die er fordert. Kann die Zusammensetzung oder materielle Konstitution für alle Arten von materiellen Dingen ein und derselben Art von Bedingungen genügen? So wie van Inwagen eine besondere Art von Zusammensetzung für Lebewesen geltend macht, könnten auch Artefakte, Stoffe oder andere natürliche Dinge unter je anderen Bedingungen zusammengesetzt sein. Oder verhält es sich vielleicht so, dass es für das Problem der Zusammensetzung gar keine Erklärung gibt, sondern die Zusammengesetztheit von Dingen, wo immer sie auftritt, ein krudes Faktum ist (Markosian)? Vielleicht ist es auch unangebracht, dass die entsprechende Debatte Objekte einfach nur als die mereologische Summe materieller Teile behandelt und dabei außer Acht lässt, ob und wie diese Dinge strukturiert sind (Koslicki). Müsste man dann auch die Struktur, die ein Ding erst zu einem einheitlichen Ganzen macht, als einen der Teile betrachten, aus denen ein jedes Ganzes zusammengesetzt ist?

7. Ereignisse und Kausalität

7.1 Ereignisse

Das Attentat auf den US-amerikanischen Präsidenten John F. Kennedy fand im November 1963 in Dallas (Texas) statt. Wenn wir über das Attentat, seine Umstände und Folgen sprechen, dann reden wir weder von einer Substanz oder einem Einzelding noch von einer Eigenschaft, sondern von einem *Ereignis*. Einzeldinge, sagen wir, existieren, Eigenschaften treffen auf Dinge zu, Ereignisse hingegen *passieren*, *finden statt*, *tragen sich zu*. In einer von der Substanzontologie geprägten Metaphysik gibt es manchmal die Tendenz, Ereignisse unter den Teppich zu kehren: Der Attentäter, so könnte der Vertreter einer Substanz-Attribut-Ontologie sagen, hat die Eigenschaft, den Präsidenten der Vereinigten Staaten von Amerika ermordet zu haben. John F. Kennedy hat das Attribut, durch ein Attentat ums Leben gekommen zu sein. Und das war's. Von dem Ereignis als einem besonderen Typ von Entität ist dann gar nicht mehr die Rede. Tatsächlich aber sprechen wir oft von Ereignissen und sprechen diesen ebenso wie einzelnen Substanzen Eigenschaften und Attribute zu: Das Attentat auf JFK war vorhersehbar. Die Fußball-WM in Deutschland war ein Sommermärchen. Das Oktoberfest ist nicht jedermanns Sache. Wenn unser alltägliches Sprechen über *gewöhnliche Gegenstände* und deren Attribute zumindest einen Prima-facie-Grund für die Etablierung einer Substanzontologie liefert, dann liefert unser Sprechen über *Ereignisse* einen nicht weniger guten Grund, um auch Ereignisse als Teil der Wirklichkeit anzusehen und diesen Gedanken in einer Ontologie der Ereignisse zu entwickeln.

Ereignisse spielen eine wichtige Rolle in unserem Alltagsleben. Ein einzelner Tag ist durch Ereignisse strukturiert (Aufwachen, Zähneputzen, Zur-Arbeit-Gehen, Besuch der Tante, Abendessen beim Italiener), ein Menschenleben enthält markante Ereignisse (Geburt, Einschulung, Heirat, Scheidung, Pensionierung), die

Menschheitsgeschichte ist von Ereignissen geprägt (der Peloponnesische Krieg, das Attentat auf JFK, Erste Mondlandung), die Wissenschaften untersuchen Wechselwirkungen zwischen allgemeinen Typen von Ereignissen (Erderwärmung – Gletscherschmelze, Erdbeben – Tsunami). Nicht zuletzt können menschliche Handlungen als Ereignisse betrachtet werden, so dass eine Erforschung der Natur von Ereignissen auch im Interesse einer philosophischen Handlungstheorie wäre. Metaphysisch betrachtet bilden Ereignisse jedoch eine teils vernachlässigte, teils sperrige Kategorie, über die nur wenig Übereinstimmung erlangt wurde.

Es scheint, als verhielten sich Ereignisse in einigen signifikanten Hinsichten anders als Einzeldinge. So setzt sich das Attentat auf John F. Kennedy aus vielen einfacheren Ereignissen zusammen: Der Attentäter drückt den Abzug des Gewehrs. Der Präsident fällt verletzt auf den Rücksitz. Ein Sicherheitsmann springt auf die Limousine auf, usw. Ereignisse lassen es zu, dass der Raum, an dem sie stattfinden, zur gleichen Zeit von anderen Ereignissen – solchen, die irgendwie Teil des Gesamtereignisses sind, und solchen, die sich zufällig am selben Ort abspielen – eingenommen wird. Ohnehin lassen Ereignisse es zu, dass sich Einzeldinge – egal, ob beteiligt oder nicht – am selben Ort aufhalten, während Einzeldinge, zumal Substanzen, keine Kohabitation anderer Substanzen zulassen. Die paradigmatischen Einzeldinge haben außerdem relativ klare räumliche Grenzen, und die räumlichen Grenzen vieler Ereignisse sind unscharf: An welcher Stelle genau beginnt und an welcher Stelle endet das Attentat? Schwer zu sagen. Findet das Ereignis in der Limousine des Präsidenten oder im Versteck des Attentäters statt? Die Limousine jedenfalls bewegt sich während des gesamten Vorgangs, irgendwann beschleunigt sie und fährt davon. All dies gehört zum Attentat, ereignet sich aber an verschiedenen Orten. Ein Augenzeuge läuft in Panik davon und stößt nach einigen hundert Metern mit alarmierten Polizisten zusammen. Gehört das noch zum Attentat oder schon nicht mehr?

Unstrittig ist außerdem, dass sich Ereignisse zeitlich erstrecken, also aus zeitlichen Teilen, manchmal sogar aus verschiedenen Phasen, zusammengesetzt sind. Eine Wahl zum Beispiel besteht aus dem Erstellen eines Wählerverzeichnisses, der Aufstellung der Kandidaten, dem Wahltag, der Auszählung der Stimmen und der Bekanntgabe des Ergebnisses. Erst wenn alle Phasen durchlaufen sind, ist die Wahl komplett. Zumindest die Endurantisten würden hierin einen wichtigen Unterschied zu Einzelsubstanzen sehen, da Substanzen zu jedem Zeitpunkt ihrer Existenz in einem bestimmten Sinn vollständig seien (siehe 5.6).

Hingegen scheinen Einzeldinge typischerweise oder vielleicht sogar notwendigerweise in Ereignisse involviert. Ein Kuss involviert einen Küsser und etwas Geküsstes. Eine Heirat involviert mindestens zwei, ein Fußballspiel bereits 22 Einzeldinge als *Trägerentitäten*. Das Oktoberfest involviert unzählige Trägerentitäten: Festzeltwirte, Fahrgeschäftsbetreiber und Wiesnbesucher. Kann man daraus schließen, dass *jedes* Ereignis ontologisch von Einzeldingen abhängig ist? Im Deutschen scheinen einige Sätze, die mit dem unpersönlichen Subjekt *es* gebildet sind, trägerlose Ereignisse anzuzeigen: «Es blitzt», «Es dämmert», «Es wird Tag». Handelt es sich dabei um wirkliche Gegenbeispiele oder verschleiern sie, dass es in allen diesen Fällen einen wenn auch undeutlich begrenzten Träger des Ereignisses gibt, etwa die sich entladenden Teilchen in den Wolken, einen Teil der Erdatmosphäre oder Ähnliches?

Involvieren alle Ereignisse eine Veränderung oder gibt es auch Ereignisse, bei denen nichts passiert? Wenn eine Türe einfach offensteht, ist das dann schon ein Ereignis? Manche Ereignisforscher sprechen in der Tat von einem *statischen* im Unterschied zu einem *dynamischen* Ereignis. Andere würden dies einfach als die *Eigenschaft* der Tür ansehen, offenzustehen, wieder andere würden von einem *Sachverhalt* sprechen. Das bringt uns auf die grundlegendere Frage, ob nicht vielleicht *sämtliche* Ereignisse in eine uns schon bekannte Kategorie integriert werden können. Vielleicht besteht die Möglichkeit, Ereignisse als eine Art von Sachverhalt oder als eine Art von Eigenschaft zu verstehen. In der Tat wurden solche Auffassungen in der neueren Metaphysik vertreten.

Roderick Chisholm ist der Ansicht, Ereignisse seien letztlich nichts anderes als *Sachverhalte*, denn so wie Sachverhalte bestehen oder nicht bestehen können, so könnten Ereignisse stattfinden oder nicht stattfinden. Dabei geht er davon aus, dass sich Sachverhalte nicht grundsätzlich anders verhalten als Propositionen (siehe 4.1). Ein Typ von Sachverhalten, sagt er deshalb, seien die Propositionen selbst; sie könnten wahr oder falsch sein. Sie haben die Eigenart, dass sie, wenn sie überhaupt bestehen, dann auch immer bestehen bleiben; und wenn sie nicht bestehen, dann bestehen sie zu keinem Zeitpunkt. Von den propositionsartigen Sachverhalten unterscheidet Chisholm eine zweite Art von Sachverhalten, die zwar zur einen Zeit vorkommen, deshalb aber nicht zwingend auch zu einer anderen Zeit vorkommen – und das seien eben die Ereignisse. Wenn ein Sachverhalt dieses zweiten Typs besteht, dann, so Chisholm, sprechen wir von Ereignissen. Ein Vorteil dieser Konzeption sei, dass sie die Wiederholbarkeit von Ereignissen erkläre, denn Ereignisse wie Erdbeben oder Olympische Spiele fänden eben immer wieder statt.

Gerade diesen vermeintlichen Vorteil von Chisholms Konzeption finden zahlreiche Metaphysiker wenig attraktiv, da sie darauf bestehen, dass Ereignisse partikuläre, nicht wiederholbare Entitäten sind. Die Olympischen Spiele von München fanden 1972 im Münchner Norden statt und können als solche natürlich nicht wiederholt werden. Wenn wir dagegen von *den Olympischen Spielen* sprechen, sprechen wir nicht von einem Ereignis (als etwas Einmaligem, Unwiederholbarem, als *token*), sondern von einem allgemeinen Typ (*type*), welchen man aber nicht mit dem Ereignis selbst verwechseln darf. Überhaupt scheint durch die Angleichung von Ereignissen an Propositionen und Sachverhalte das Ereignis zu etwas Abstraktem zu werden. Ereignisse sind aber etwas Konkretes, was zu einer bestimmten Zeit an einem bestimmten Ort stattfindet. Das Attentat auf JFK fand im November 1963 in Dallas (Texas) statt. Der Sachverhalt oder die Proposition hingegen, dass JFK im November 1963 in Dallas einem Attentat zum Opfer fiel, besteht heute genauso wie im November 1963 und er besteht in Berlin oder München nicht weniger als in Dallas.

Jaegwon Kim versteht Ereignisse einfach als *Eigenschaften*. Ein partikuläres Ding könne zu einem bestimmten Zeitpunkt eine Eigenschaft exemplifizieren: Jimi Hendrix exemplifiziert am 18. August 1969 auf einer Wiese bei Woodstock die Eigenschaft, bei einem Konzert aufzutreten. Das Ereignis seines Auftritts ist nichts anderes als die Exemplifizierung dieser Eigenschaft. Für Kim ist ein Ereignis durch die drei Faktoren Eigenschaft, exemplifizierender Gegenstand und Zeitpunkt vollständig bestimmbar (z. B. die Eigenschaft, bei einem Konzert aufzutreten, Jimi Hendrix, am 18.8.1969). Es scheint, als habe diese Auffassung einige Vorteile: Sie erlaubt es, das Ereignis als etwas Konkretes und Partikuläres aufzufassen. Da das Ereignis immer eine Eigenschaft exemplifiziert, ist deutlich, von welcher Art von Ereignis die Rede ist. Und dies hat wiederum Vorteile für die Identifikation und Individuierung des Ereignisses, denn Konzertauftritte haben andere Identitätsbedingungen als etwa das Rauchen eines Joints, das In-Brand-Setzen einer Gitarre usw.

Aber es scheint auch Nachteile dieser Konzeption zu geben. Zunächst wirkt die Exemplifikation einer Ereignis-Eigenschaft wie die Exemplifikation jeder beliebigen anderen Eigenschaft, zum Beispiel der Eigenschaften, rot zu sein oder auf der Erde zu leben. Es ist damit ausgeschlossen, irgendwelche Besonderheiten von Ereignissen (z. B. hinsichtlich ihrer zeitlichen Erstreckung) geltend zu machen. Außerdem kann man einwenden, dass die Identitätsbedingungen eines Ereignisses verunklart werden, wenn mehr als *ein* Gegenstand involviert ist. Donald Davidson führt aus, dass, wenn Mary zwei Verehrer um Mitternacht küsst, sie nur *eine* Eigenschaft zu *einem* Zeitpunkt exemplifiziert, aber in *zwei* Ereignisse involviert sei. Darauf kann Kim noch antworten, dass Küssen eine *dyadische* Eigenschaft sei, die immer genau zwei Gegenstände involviert. Aber was ist, wenn ein Ereignis unabsehbar viele Teilnehmer involviert? Weiß man vorher, wie viele Gegenstände am Ende in *einen* Online-Shitstorm involviert sein werden? Es gibt noch einen weiteren, recht schwer wiegenden Einwand: Die Gitarre zu spielen und die Gitarre virtuos zu spielen, sind zwei grundverschiedene Eigenschaften. Als Jimi Hendrix an jenem Tag bei Woodstock auftrat, müsste er daher zwei Eigenschaften exemplifiziert haben: die Gitarre zu spielen und die Gitarre virtuos zu spielen. Dann aber hätten wir bereits *zwei* Ereignisse, wo der normale Konzertbesucher nur *eines* erlebt hat. Die Metaphysiker würden dazu sagen, dass Eigenschaften in der Regel *feinkörniger individuiert* werden als Ereignisse: Wo wir zahlreiche Eigenschaften ausmachen können, sehen wir vielleicht nur ein einziges Ereignis.

Viele Ereignistheoretiker knüpfen heute an die Arbeiten von Donald Davidson an, der eine neue Analyse von Handlungssätzen wie «Jimi Hendrix spielte die Gitarre virtuos» vorschlägt. Analysiert man den Satz herkömmlich als: «Es gibt ein *x*, so dass gilt: *x* spielte Gitarre & *x* tat etwas virtuos & *x* = Jimi Hendrix», dann werde noch nicht einmal deutlich, dass es sich hierbei um ein und dasselbe Ereignis handelt und dass das Adverb *virtuos* das Gitarrenspiel qualifiziert. Daher sei der Satz besser zu analysieren als: «Es gibt ein *x*, so dass gilt: *x* ist ein Gitarrenspiel & *x* wurde von Jimi Hendrix getan & *x* wurde virtuos ausgeführt.» Bei dieser Analyse könne kein Zweifel darüber bestehen, dass es sich um ein und dasselbe Ereignis handelt. Außerdem lasse sich so vom virtuosen Gitarrenspiel problemlos darauf schließen, dass ein Ereignis mit der Beschreibung Gitarrenspiel vorliege. Nach Quines Test auf ontologische Verpflichtungen (siehe 2.4) lässt sich aus Davidsons Analyse außerdem ein Argument für die *Existenz* von Ereignissen gewinnen, da die Werte für die gebundene Variable *x* in diesem Fall Ereignisse sein müssen.

Außerdem plädiert Davidson für ein Verständnis von Ereignissen, das grobkörnig (oder auch «dick») genug ist, damit *ein* einziges Ereignis verschiedene Beschreibungen zulassen kann. Beispiel: Eine Fingerbewegung wird beschrieben als «Umkippen des Lichtschalters», «Anmachen des Lichtes», «Warnen des Einbrechers» usw. – Für Davidson handelt es sich um ein einziges Ereignis (bzw. eine einzige Handlung), das auf unterschiedliche Weisen beschrieben wird, während der Vertreter eines feinkörnigen Verständnisses darin drei unterschiedliche Ereignisse sehen könnte. Davidsons Verständnis hat verschiedene Vorteile: es bewahrt uns beispielsweise vor einer Explosion der Zahl von Ereignissen; außerdem hat dieser Vorschlag wichtige Konsequenzen für die Philosophie des Geistes, weil nach Davidson ein und dasselbe Ereignis sowohl physikalisch als auch geistig/mental beschrieben werden kann. Entscheidend ist nur die Frage, welche Theorie der *Individuation* von Ereignissen dieses relativ grobkörnige Verständnis einlösen kann. Für Davidson sind Ereignisse ähnlich wie die physikalischen Objekte Quines (siehe 5.1), konkrete Einzeldinge, die bestimmte Raum-Zeit-Stellen einnehmen. Allerdings schlägt er für Ereignisse eine *kausale* Individuierung vor: Bei *x* und *y* handelt es sich dann und nur dann um dasselbe Ereignis, wenn sie in allen Ursachen und Wirkungen übereinstimmen. Das heißt: solange *x* und *y* in allen kausalen Beziehungen übereinstimmen, handelt es sich um ein und dasselbe Ereignis – ungeachtet der verschiedenen Beschreibungen, die darauf Anwendung finden.

7.2 Kausalität

Ereignis *a*: Jemand wirft ein Sektglas über den Rücken in die Höhe. Ereignis *b*: Das nämliche Sektglas schlägt wenig später auf den Boden auf und zerbricht in unzählige Scherben. Zwischen Ereignis *a* und Ereignis *b*, so nehmen wir an, muss irgendeine Art von Verknüpfung bestehen, die Ereignis *a* zur *Ursache* und Ereignis *b* zur *Wirkung* macht. Wir nennen diese Verknüpfung *Kausalität*, aber die Frage ist, ob und wie Kausalität existiert. Kommt sie als etwas Drittes zu Ereignis *a* und Ereignis *b* hinzu, ist sie eine Eigenschaft der involvierten Gegenstände und Ereignisse oder nur eine Kategorie des menschlichen Verstandes?

David Hume bestreitet, dass das, was wir *Kausalität* nennen, in einer beobachtbaren notwendigen Verknüpfung zwischen zwei Ereignissen bestehen kann. Alles, was wir beobachten können, ist nach Hume eine räumliche Nähe und eine zeitliche Abfolge, eine Sukzession. Bei einer einmalig beobachteten Sukzession würden wir noch nicht von Kausalität reden. Was uns auf die Idee der Kausalität bringt, ist allein der Umstand, dass

Ereignisse eines bestimmten Typs wiederholt auf Ereignisse eines bestimmten anderen Typs folgen. Wir haben die Erfahrung gemacht, dass Ereignisse des allgemeinen Typs B (z. B. Zerbrechen von Sektgläsern) immer wieder auf Ereignisse des allgemeinen Typs A (z. B. Werfen von Sektgläsern) folgen. Unsere Kausalitätsbehauptungen beruhen daher im Wesentlichen auf der durch Gewohnheit begründeten Erwartung, dass Ereignisse eines bestimmten Typs auf Ereignisse eines bestimmten anderen Typs folgen. Humes Analyse der Kausalität hat eine wichtige metaphysische Implikation: Die kausale Notwendigkeit, die man gemeinhin mit der Kausalität assoziiert, gibt es nicht; sie ist kein Teil der Wirklichkeit. Für Hume besteht Kausalität daher wesentlich in einer Form von *Regularität*.

Überzeugt das als Analyse der Kausalität? Ein klassischer Einwand besagt, dass nicht alles, was regelmäßig auseinander hervorgeht, deshalb schon durch eine Kausalbeziehung verknüpft ist: Auf die Nacht folgt (regelmäßig) der Tag und auf den Tag (ebenso regelmäßig) die Nacht, aber das eine ist nicht die Ursache des anderen. Ein weiterer Einwand bezieht sich auf die Möglichkeit einer singulären Verursachung: Die Entführung Helenas ist ein einmaliges Ereignis und hat dennoch, sagt man, den Krieg von Troja verursacht. Oder nehmen wir an, dass Gott die Welt geschaffen hat und dass dies ein singulärer Akt war. Nach der Regularitätsthese wäre aber dieser einmalige Schöpfungsakt nicht als Kausalbeziehung ausweisbar. Den modernen Anhängern Humes zufolge sollten Kausalitätsbehauptungen daher immer nur mit Blick auf ein *kausales Feld* gemacht werden. Wenn jemand eine brennende Zigarette im Wald wegwirft und einen Waldbrand verursacht, dann ist das Wegwerfen der Zigarette an sich weder eine notwendige (der Waldbrand hätte auch auf andere Weise ausgelöst werden können) noch eine hinreichende (der Waldbrand resultiert nicht zwangsläufig aus dem Wegwerfen der Zigarette) Bedingung für den Waldbrand. Damit das Wegwerfen der Zigarette zum Waldbrand führt, müssen zahlreiche andere hinreichende und notwendige Bedingungen gegeben sein (der Wald muss trocken sein, das Feuer muss sich schnell verbreiten usw.). Somit ist das Wegwerfen der Zigarette

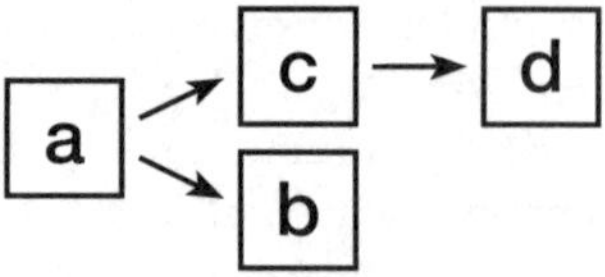

Abb. 8

nur eine unverzichtbare Komponente in einem *Bündel von Bedingungen*, die nur zusammengenommen hinreichend für den Waldbrand sind.

Nach einem berühmten Einwand von David Lewis würden nach dieser Analyse aber auch *Nebenfolgen* zu Ursachen (wie das *b* in Abb. 8, wo *a* sowohl *c* als auch *b* und *c* schließlich *d* verursacht), weil es sich dabei um unverzichtbare Bedingungen in einem Bündel von insgesamt hinreichenden Bedingungen handelt. Angenommen, es wäre eine unabdingbare Nebenfolge des Wegwerfens der Zigarette, dass sich der Schuldige schnell aus dem Staub macht, dann ist das Sich-aus-dem-Staub-Machen dennoch keine Ursache für den Waldbrand. Lewis schlägt daher eine *Kontrafaktualitätsanalyse* der Kausalität vor: Wenn *a* nicht stattgefunden hätte, hätten auch *b*, *c* und *d* nicht stattgefunden. Daher handelt es sich bei *a* um eine Ursache. Wenn dagegen *b* nicht stattgefunden hätte, hätte *d* dennoch stattgefunden, weshalb *b* nicht die Ursache von *d* sein kann.

7.3 Eine Welt voller Kräfte

Im vergangenen Abschnitt haben wir Humes Auffassung der Kausalität sowie zwei Beispiele Hume-freundlicher Kausalitätstheorien der Gegenwart kennengelernt. Die entschiedensten Gegner einer Humeschen Kausalitätsauffassung finden sich heute im Lager der *power*-Ontologen. Sie widersprechen Humes Skeptizismus hinsichtlich einer kausalen Notwendigkeit und führen Kausalität auf dispositionale Eigenschaften oder *Kräfte (powers)* und ihre Manifestationen zurück. Man kann sich die Grundzüge dieser Position ganz einfach folgendermaßen klarmachen: Schon früher wurden Philosophen auf sogenannte *dispositio-*

nale Eigenschaften wie wasserlöslich, zerbrechlich, brennbar aufmerksam. Unter geeigneten Bedingungen werden solche Eigenschaften aktualisiert oder manifestiert: Zucker löst sich im Wasser, Gläser zerbrechen, wenn man sie irgendwo anstößt, brennbares Material brennt, wenn es entzündet wird. Die «Kräfte» der *power*-Ontologen bestehen im Grunde in solchen dispositionalen Eigenschaften. Es gibt passive Kräfte (wie die Brennbarkeit des Zunders) und aktive (wie die Eigenschaft des Feuers). Ursachen und Wirkungen können allgemein durch Kräfte und deren Manifestationen unter geeigneten Umständen erklärt werden. Während es nun nach einer älteren Auffassung sowohl dispositionale als auch gewöhnliche (*qualitative* oder *categorical*) Eigenschaften gibt, legen viele moderne *power*-Ontologen Wert darauf, dass es *nur* dispositionale oder *power*-artige Eigenschaften gibt (*Pandispositionalismus*) und dass Eigenschaften nicht nur Kräfte *verleihen*, sondern letztlich nichts anderes als solche Kräfte (oder Bündel solcher Kräfte) *sind*. Der Pandispositionalismus scheint eine verwegene These, wenn wir an gewöhnliche Eigenschaften denken (worin etwa liegt die *power* der Eigenschaft, noch nie in Reinickendorf gewesen zu sein?). Man müsste daher eher sagen, dass alles, was die *power*-Leute letztlich als Eigenschaft anerkennen, in einer solchen Disposition oder *power* bestehen soll. Grundsätzlich kann die *power*-Ontologie mit Konzeptionen universaler (konkreter) oder partikulärer Eigenschaften kombiniert werden (siehe Kap. 3). Man kann *powers* als Eigenschaften von Substanzen ansehen oder man kombiniert die *power*-Ontologie mit der Auffassung, Einzeldinge seien nichts anderes als Eigenschaftsbündel (siehe 3.5), so dass auch Einzeldinge letztlich nichts anderes als Bündel solcher Dispositionen oder Kräfte wären.

8. Was macht eine metaphysische Theorie aus?

Die vorausgegangenen Kapitel haben in Kostproben gezeigt, worum es in typischen Kontroversen und Theorien der Metaphysik geht: Gibt es Universalien oder nur Einzelnes? Gibt es nur konkrete oder auch abstrakte Dinge? Welche Gründe haben wir für die Annahme von Tatsachen, Sachverhalten und Propositionen? Handelt es sich bei den materiellen Einzeldingen ausschließlich um physikalische Dinge oder um Bündel von Eigenschaften oder gibt es darunter auch Substanzen? Gibt es letztlich nur die einfachen Dinge oder gibt es auch Zusammengesetztes? Gibt es Ereignisse oder sind Ereignisse lediglich bestimmte Eigenschaften ihrer Träger? Gibt es so etwas wie Kausalität?

Viele dieser Kontroversen lassen sich als *Existenzfragen* (siehe Kap. 2) formulieren: *Gibt es* Universalien, Ideen, Zahlen, Zusammengesetztes, Ereignisse usw.? In der Metaphysik des 20. Jahrhunderts herrschte lange das Bild vor, die Metaphysik insgesamt habe es mit der Beantwortung solcher Existenzfragen unter Verwendung von Quines Test für ontologische Verpflichtungen zu tun. Inwiefern dieses Bild irreführend ist, hat sich bereits in den Abschnitten 2.4 und 2.5 gezeigt. *Vor allem* erweckt die Betonung der Existenzfragen den Eindruck, metaphysische Theorien zielten lediglich auf eine Art von *Inventarisierung* oder *Katalogisierung* der Wirklichkeit. Will man die Natur metaphysischer Fragen angemessen charakterisieren, scheint es hingegen wichtig zu betonen, dass sich metaphysische Fragen wie «Gibt es Universalien?» oder «Gibt es Substanzen?» ganz anders verhalten als gewöhnliche Existenzfragen. Wenn wir nach der Existenz einer Sache im gewöhnlichen Sinn fragen, dann wissen wir in der Regel, nach was für einer Art von Sache wir fragen. Wir haben, sagt man, einen Begriff von dieser Sache und fragen uns, ob einer oder mehrere Gegenstände unter diesen Begriff fallen. Wenn hingegen Metaphysiker zum Beispiel die Existenz von Universalien behaupten wollen, dann besteht ihre Haupttätigkeit darin zu klären, was es heißt, ein Universale zu sein. Soll es sich dabei um etwas Abstraktes handeln oder um eine Entität, die immanent in vielen konkreten Einzeldingen anwesend ist? Existiert ein Universale nur dann, wenn es aktuell durch ein Einzelding instanziiert wird? Verglichen mit der Klärung der *Was*-Frage scheint die *Ob*-Frage beinahe nebensächlich.

Zweitens geht es in der Metaphysik in der Regel nicht nur um die Frage, *ob* Entitäten eines bestimmten Typs bzw. einer bestimmten Kategorie existieren oder nicht, sondern darum, *auf welche Weise* sie existieren. Dass es irgendwo und irgendwie Zahlen gibt (siehe 1.2), war relativ unkontrovers; die metaphysisch relevante Frage war, *wie* es sie gibt: als etwas selbstständig Existierendes, etwas im menschlichen Geist Existierendes, etwas Konstruiertes oder als eine Fiktion? Dass es irgendwo und irgendwie Ereignisse geben muss, war klar; die Frage ist wiederum, auf welche Weise sie existieren: Bilden Ereignisse eine distinkte metaphysische Kategorie oder lassen sie sich auf Entitäten anderer Kategorien (z. B. auf Eigenschaften oder Sachverhalte) zurückführen (*reduzieren*)? Oder lässt sich ihre Existenz sogar als eine bloße Redensart oder Konvention erweisen, so dass die Ereignisse als metaphysisch relevante Entitäten aufgegeben oder *eliminiert* werden können? Falls Ereignisse doch eine distinkte metaphysische Kategorie bilden, existieren sie selbstständig oder nur in Abhängigkeit von bestimmten Trägern?

Drittens kommt es bei der metaphysischen Theoriebildung nicht nur darauf an, dass man die Existenz von Entitäten eines bestimmten Typs, etwa von Zahlen oder Ereignissen, behauptet, sondern darauf, dass man diese in ein Modell von der Wirklichkeit als Ganzer integriert, wie «Die Wirklichkeit beinhaltet konkrete Einzeldinge und Zahlen und sonst nichts» oder «Die Wirklichkeit besteht ausschließlich aus Ereignissen». Die Existenz von, sagen wir, Ereignissen zu behaupten, ist *eine* Sache; eine andere und viel entscheidendere Sache aber ist es zu klären, ob die Wirklichkeit nur aus Entitäten dieser einen Kategorie (*monokategorial*) oder ob sie aus Ereignissen im Verbund mit

Entitäten anderer Kategorien (*multikategorial*) besteht. Nimmt man ein multikategoriales Modell der Wirklichkeit an, kommt es darauf an, das Verhältnis zwischen den Entitäten verschiedener Kategorien zu klären. Ein wichtiges Kriterium hierbei ist, ob die Entitäten einer Kategorie selbstständig oder nur in Abhängigkeit von Entitäten anderer Kategorien existieren.

Viertens beinhaltet zum Beispiel die metaphysische Aussage, dass es Substanzen gibt, nicht nur die (relativ unschuldige) Existenzbehauptung, sondern die weiter gehende Behauptung, dass sich Substanzen gegenüber Entitäten bestimmter anderer Kategorien prioritär und grundlegend verhalten (z. B. gegenüber Eigenschaften, deren Existenz von der Existenz von Substanzen abhängt: siehe 5.3 bis 5.5). Letzterer Anspruch scheint in dem philosophischen Kunstbegriff *Substanz* bereits eingebaut zu sein; auf ähnliche Weise können aber auch die Freunde physikalischer Objekte (siehe 3.1), partikulärer Eigenschaften (siehe 3.4, 3.5), der Tatsachen (siehe 4.4), der Ereignisse bzw. Prozesse (siehe 5.8 und 7.1) oder der *powers* (siehe 7.3) den grundlegenden Charakter der von ihnen bevorzugten Entitäten behaupten. Die Klärung von Abhängigkeits- und Grundlegungsfragen innerhalb einer metaphysischen Theorie aber geht signifikant über die Behauptung der Existenz verschiedenartiger Entitäten hinaus.

Metaphysische Theorien stellen Behauptungen über die Wirklichkeit als Ganze auf, indem sie verschiedene Typen von Entitäten bzw. Kategorien unterscheiden und die Wirklichkeit durch die Annahme solcher Kategorien untergliedern und strukturieren. Wenn Metaphysiker über die Existenz von Abstrakta, Universalien, Ereignissen, Substanzen usw. streiten, dann betreffen solche Meinungsverschiedenheiten die Frage, ob (und ggf. wie) eine solche Theorie Entitäten dieses Typs berücksichtigen muss oder ob sie mit weniger oder anderen Entitätstypen die allgemeinste Struktur der Wirklichkeit genauso so gut oder sogar besser modellieren und erklären kann.

Literaturverzeichnis

Monographien und Einführungen

Armstrong, David 2010: *Sketch for a Systematic Metaphysics*, Oxford: OUP.

Carroll, John W./Markosian, Ned 2010: *An Introduction to Metaphysics*, Cambridge: CUP.

Conee, Earl/Sider, Theodore 2005: *Riddles of Existence*, Oxford: OUP.

Effingham, Nikk 2013: *An Introduction to Ontology*, Cambridge: Polity.

Hamlyn, David W. 1984: *Metaphysics*, Cambridge: CUP.

Heil, John 2003: *From an Ontological Point of View*, Oxford: OUP.

Jubien, Michael 1997: *Contemporary Metaphysics*, Malden/Oxford: Blackwell.

Koons, Robert C./Pickavance, Timothy H. 2015: *Metaphysics. The Fundamentals*, Chichester: Blackwell.

Lewis, David 1986: *On the Plurality of Worlds*, Malden/Oxford: Blackwell.

Lowe, Jonathan 1998: *The Possibility of Metaphysics. Substance, Identity, and Time*, Oxford: OUP.

Lowe, Jonathan 2002: *A Survey of Metaphysics*, Oxford: OUP.

Loux, Michael 2002: *Metaphysics. A Contemporary Introduction*, London: Routledge.

Meixner, Uwe 2004: *Einführung in die Ontologie*, Darmstadt: Wissenschaftliche Buchgesellschaft.

Moore, Adrian W. 2012: *The Evolution of Modern Metaphysics. Making Sense of Things*, Cambridge: CUP.

Mumford, Stephen 2012: *Metaphysics. A Very Short Introduction*, Oxford: OUP.

Ney, Alyssa 2014: *Metaphysics. An Introduction*, London/New York: Routledge.

Quine, W. V. O. 1980: *Wort und Gegenstand*, Stuttgart: Reclam.

Schmidinger, Heinrich 2010: *Metaphysik. Ein Grundkurs*, Stuttgart: Kohlhammer.

Sider, Theodore 2011: *Writing the Book of the World*, Oxford: OUP.

Strawson, Peter F. 1972: *Einzelding und logisches Subjekt*, Stuttgart: Reclam.

Tallant, Jonathan 2011: *Metaphysics. An Introduction*, London/New York: Continuum.

Tegtmeier, Erwin 1992: *Grundzüge einer kategorialen Ontologie. Dinge, Eigenschaften, Beziehungen, Sachverhalte*, Freiburg: Alber.

Thomasson, Amie L. 2007: *Ordinary Objects*, Oxford: OUP.

Van Inwagen, Peter 2002: *Metaphysics*, Boulder: Westview Press.
Van Inwagen, Peter 2014: *Existence. Essays in Ontology*, Cambridge: CUP.
Yablo, Stephen 2010: *Things*, Oxford: OUP.

Sammelbände

Chalmers, David/Manley, David/Wasserman, Ryan (Hgg.) 2009: *Metametaphysics. New Essays on the Foundations of Ontology*, Oxford: Clarendon.
Correia, Fabrice/Schnieder, Benjamin (Hgg.) 2012: *Metaphysical Grounding. Understanding the Structure of Reality*, Cambridge: CUP.
Laurence, Stephen/Macdonald, Cynthia (Hgg.) 1998: *Contemporary Readings in the Foundations of Metaphysics*, Oxford: Blackwell.
Le Poidevin, Robin/Simons, Peter/McGonigal, Andrew/Cameron, Ross (Hgg.) 2009: *The Routledge Companion to Metaphysics*, London: Routledge.
Loux, Michael/Zimmerman, Dean (Hgg.) 2003: *The Oxford Handbook of Metaphysics*, Oxford: OUP.
Sider, Theodore/Hawthorne, John/Zimmerman, Dean (Hgg.) 2008: *Contemporary Debates in Metaphysics*, Malden/Oxford: Blackwell.
Tahko, Tuomas E. (Hg.) 2012: *Contemporary Aristotelian Metaphysics*, Cambridge: CUP.
Trettin, Käthe (Hg.) 2005: *Substanz*, Frankfurt a. M.: Klostermann.
Van Inwagen, Peter/Zimmerman, Dean (Hgg.) 1998: *Metaphysics. The Big Questions*, Malden/Oxford: Blackwell.

Quellennachweis und Empfehlungen zur weiterführenden Lektüre

Alle durch Verweis auf Autor bzw. Herausgeber und Jahreszahl abgekürzten Angaben beziehen sich auf die Angaben unter *Monographien* und *Sammelbände*. Die Abkürzung «SEP» bezieht sich auf frei zugängliche Online-Artikel in der *Stanford Encyclopedia of Philosophy*.

Kapitel I

Carroll/Markosian 2010, Kap. 1. – Fine, Kit: «What is Metaphysics?», in: Tahko 2012. – Koons/Pickavance 2015, Kap. 1. – Jubien 1997, Kap. 1. – Lowe 2002, Kap. 1. – Van Inwagen, Peter/Sullivan, Meghan: «Metaphysics», in: *SEP* 2014. **Zu 1.2:** Effingham 2013, Kap. 4. – Field, Hartry: *Science without Numbers*, Oxford: Blackwell 1980. – Field, Hartry: «Mathematical Objectivity and Mathematical Objects», in: Laurence/Macdonald 1998. – Jubien 1997, Kap. 2. **Zu 1.3:** siehe die Literatur zu Kap. 6. **Zu 1.4:** Meixner 2004, Kap. 2. – Schaffer, Jonathan: «On What Grounds What», in: Chalmers/Manley/Wasserman 2009. – Van Inwagen, Peter: «The Nature of Metaphysics», in: Laurence/Macdonald 1998. **Zu 1.5:** Reiner, Hans: «Die Entstehung der Lehre vom bibliothekarischen Ursprung des Namens Metaphysik», in: *Zeitschrift für philosophische Forschung* 9 (1955), 77–99.

Kapitel 2

Heil 2003. – Meixner 2004. – Ney 2014, Kap. 1. – Quine, W. V. O.: «On What There Is», in: *From a Logical Point of View*, Englisch/Deutsch, hg. v. Nimtz, Christian/Bluhm, Roland, Stuttgart: Reclam 2011. – Runggaldier, Edmund/Kanzian, Christian: *Grundprobleme der Analytischen Ontologie*, Paderborn: Schöningh 1998. – Van Inwagen 2014. **Zu 2.1:** Carnap, Rudolf: «Überwindung der Metaphysik durch logische Analyse der Sprache», in: *Erkenntnis* 2 (1931/32), 219–241. **Zu 2.2:** Frege, Gottlob: *Die Grundlagen der Arithmetik*, hg. v. Schulte, Joachim, Stuttgart: Reclam 1987. – Ders.: «Dialog mit Pünjer über Existenz», in: *Nachgelassene Schriften*, hg. v. Hermes, Hans/Kambartel, Friedrich/Kaulbach, Friedrich, Hamburg: Felix Meiner 1969. **Zu 2.3:** Meinong, Alexius: *Untersuchungen zur Gegenstandstheorie und Psychologie*, Leipzig: Barth 1904. – Reicher, Maria: «Nonexistent Objects», in: *SEP* 2014. – (Ontologie von Löchern) Lewis, David/Lewis, Stephanie: «Holes», *Australasian Journal of Philosophy* 48 (1970), 206–212. – Varzi, Achille/Casati, Roberto: *Parts and Places*, Cambridge Mass.: MIT Press 1999. – (Ontologie fiktiver Gegenstände) Künne 2007 (siehe Literatur zu Kap. 3), Anhang. **Zu 2.4:** Alston, William: «Ontological Commitments», in: *Philosophical Studies* 9 (1959), 8–17. – Bricker, Phillip: «Ontological Commitment», in: *SEP* 2014. **Zu 2.5:** Chalmers/Manley/Wasserman 2009: siehe die Beiträge von Chalmers, Fine, Sider, Van Inwagen. – Dorr, Cian: «What we Disagree about when we Disagree about Ontology», in: Kalderon, Mark Eli (Hg.), *Fictionalism in Metaphysics*, Oxford: OUP 2005, 234–286. – Hirsch, Eli: «Quantifier Variance and Realism», in: *Philosophical Issues* 12 (2002), 51–73. – Hofweber, Thomas: «A Puzzle about Ontology», in: *Noûs* 39 (2005), 256–283. – Sider 2011, Kap. 9. – Thomasson, Amie L.: *Ontology Made Easy*, Oxford: OUP 2015.

Kapitel 3

Armstrong, David: *Nominalism and Realism*, Cambridge: CUP 1978. – Ders.: *Universals. An Opinionated Introduction*, Boulder: Westview Press 1989. – Künne, Wolfgang: *Abstrakte Gegenstände. Semantik und Ontologie*, Frankfurt a. M.: Klostermann 2007. – Mellor, David H./Oliver, Alex (Hgg.): *Properties*, Oxford: OUP 1997. – Moreland, James P.: *Universals*, Chesham: Acumen 2001. – Swoyer, Chris/Orilia, Francesco: «Properties», in: *SEP* 2011. – (Begriffe und Eigenschaften) Schnieder 2004 (siehe Literatur zu Kap. 5), 53–74. **Zu 3.1:** Fine, Kit: *The Limits of Abstraction*, Oxford: OUP 2002. – Lowe 1998, Kap. 10. – Rosen, Gideon: «Abstract Objects», in: *SEP* 2012. (Typenobjekte) Meixner 2004, Kap. 4.5. **Zu 3.2:** Effingham 2013, Kap. 3. – Loux 2002, Kap. 1. **Zu 3.3:** Loux 2002, Kap. 2. – Rodriguez-Pereyra, Gonzalo: «Nominalism in Metaphysics», in: *SEP* 2015. **Zu 3.4 und 3.5:** Campbell, Keith: «The Metaphysic of Abstract Particulars», in: Mellor/Oliver 1997. – Ders.: *Abstract Particulars*, Oxford: Blackwell 1990. – Ehring, Douglas: *Tropes. Properties, Objects, and Mental Causation*, Oxford: OUP 2011. – Maurin, Anna-Sofia: «Tropes», in: *SEP* 2013. – Simons,

Peter: «Particulars in Particular Clothing: Three Trope Theories of Substance», in: *Philosophy and Phenomenological Research* 54 (1994), 553–575. – Williams, Donald C.: «On the Elements of Being: I», in: Mellor/Oliver 1997.

Kapitel 4

Armstrong, David: *Sachverhalte, Sachverhalte*, Berlin: Xenomos 2004. – Ders.: *Truth and Truthmakers*, Cambridge: CUP 2004. – Beebee, Helen/Dodd, Julian (Hgg.): *Truthmakers. The Contemporary Debate*, Oxford: OUP 2005. – Gaskin, Richard: *The Unity of the Proposition*, Oxford: OUP 2008. – Künne, Wolfgang: *Conceptions of Truth*, Oxford: Clarendon 2005. – Lowe, Jonathan/Rami, Adolf (Hgg.): *Truth and Truth-Making*, Stocksfield: Acumen 2009. – MacBride, Fraser: «Truthmakers», in: *SEP* 2013. – McGrath, Matthew: «Propositions», in: *SEP* 2012. – Mulligan, Kevin/Correia, Fabrice: «Facts», in: *SEP* 2013. – Neale, Stephen: *Facing Facts*, Oxford: OUP 2001. – Reicher, Maria (Hg.): *States of Affairs*, Frankfurt: Ontos 2009. – Textor, Mark: «States of Affairs», in: *SEP* 2012.

Kapitel 5

Buddensiek, Friedemann: *Die Einheit des Individuums. Eine Studie zur Ontologie der Einzeldinge*, Berlin/New York: De Gruyter 2006. – Hoffman, Joshua/Rosenkrantz, Gary: *Substance Among other Categories*, Cambridge: CUP 1994. – Kanzian, Christian: *Ding – Substanz – Person. Eine Alltagsontologie*, Frankfurt u. a.: Ontos 2009. – Schnieder, Benjamin: *Substanzen und (ihre) Eigenschaften*, Berlin/New York: De Gruyter 2004. – Van Inwagen, Peter: *Material Beings*, Ithaca/London: Cornell University Press 1990. **Zu 5.1:** Quine, W. V. O.: «Whither Physical Objects?», in: *Boston Studies in the Philosophy of Science* 39 (1976), 497–504. – Ders.: *Theorien und Dinge*, Frankfurt a. M.: Suhrkamp 1985, Kap. 1. – Kanzian 2001 (siehe Literatur zu Kap. 7), Kap. 2. **Zu 5.2:** Hacker, Peter M. S.: «Substance: The Constitution of Reality», in: *Midwest Studies in Philosophy* 4 (1979), 239–261. – Simons, Peter: *Parts. A Study in Ontology*, Oxford: OUP 1987, Kap. 4.6. **Zu 5.3 und 5.4:** Lowe, Jonathan: «Substance and Identity», in: Trettin 2005. – Ders.: «A Neo-Aristotelian Substance Ontology», in: Tahko 2012. – Lowe 1998, Kap. 2–7. – Schaffer, Jonathan: «Monism: The Priority of the Whole», in: *Philosophical Review* 119.1 (2010), 31–76. – Wiggins, David: *Sameness and Substance Renewed*, Cambridge: CUP 2001. **Zu 5.5:** Schnieder 2004, Teil II. – Simons 1987, Kap. 8. – Fine, Kit: «Essence and Modality», in: Tomberlin, James (Hg.): *Logic and Language*, Atascadero: Ridgeview 1994, 1–16. – Fine, Kit: «Ontological Dependence», in: *Proceedings of the Aristotelian Society* 95 (1995), 269–290. – Fine, Kit: «Guide to Ground», in: Correia/Schnieder 2012. – Lowe 1998, Kap. 6. – Hoeltje, Miguel/Schnieder, Benjamin/Steinberg, Alex (Hgg.): *Varieties of Dependence. Ontological Dependence, Grounding, Supervenience, Response-Dependence*, München: Philosophia 2013. – Trogdon, Kelly: «An Introduction to Grounding», in: Hoeltje/Schnieder/Steinberg 2013. – Bliss, Ricki/ Trogdon, Kelly: «Metaphysical Grounding», in: *SEP* 2014. **Zu 5.6:** Lewis 1986, Kap. 4.2. – Merricks, Trenton: «Endurance and Indiscernibility», in: *Journal of Philosophy* 91 (1994), 165–184. – Loux 2002, Kap. 8. – Sider, Theodore: «Temporal Parts», in: Sider/Hawthorne/Zimmerman 2008. – Hawthorne, John: «Three-Dimensionalism vs. Four-Dimensionalism», in: Sider/Hawthorne/Zimmerman 2008. – Hawley, Katherine: «Temporal Parts», in: *SEP* 2010. **Zu 5.7:** Kripke, Saul: *Name und Notwendigkeit*, Frankfurt a. M.: Suhrkamp 1981. – Lowe 2002, Kap. 6. – Meixner, Uwe: *Modalität. Möglichkeit, Notwendigkeit, Essenzialismus*, Frankfurt a. M.: Klostermann 2008. – Nortmann, Ulrich: «Warum man Essentialist sein kann», in: *Erkenntnis* 57 (2002), 1–39. – W. V. O. Quine 1980, § 41. **Zu 5.8:** Whitehead, Alfred N.: *Prozess und Realität*, Frankfurt a. M.: Suhrkamp 1979. – Rescher, Nicholas: *Process Metaphysics: An Introduction to Process Philosophy*, Albany: SUNY 1996. – Seibt, Johanna: «Der Mythos der Substanz», in: Trettin 2005. – Seibt, Johanna: «Process Philosophy», in: *SEP* 2012.

Kapitel 6

Fine, Kit: «The Non-Identity of a Material Thing and Its Matter», in: *Mind* 112 (2003), 195–234. – Hübner, Johannes: *Komplexe Substanzen*, Berlin/New York: De Gruyter 2007. – Koslicki, Kathrin: *The Structure of Objects*, Oxford: OUP 2008. – Lewis 1986, Kap. 4. – Markosian, Ned: «Brutal Composition», in: *Philosophical Studies* 92 (1998), 211–249. – ders./Van Cleve, James, in: Sider/Hawthorne/Zimmerman 2008, Kap. 8: «Mereology». – Oderberg, David S. (Hg.): *Form and Matter. Themes in Contemporary Metaphysics*, Malden/Oxford: Blackwell 1999. – Rea, Michael C. (Hg.): *Material Constitution. A Reader*, Lanham: Rowman & Littlefield 1997. – Sattig, Thomas: *The Double Lives of Objects. An Essay in the Metaphysics of the Ordinary World*, Oxford: OUP 2015. –Simons, Peter: *Parts. A Study in Ontology*, Oxford: OUP 1987. – Thomasson, Amie L.: «Artifacts in Metaphysics», in: Meijers, Anthonie (Hg.): *Philosophy of Technology and Engineering Sciences*, Amsterdam u. a.: North Holland 2009, 191–212. – Thomson, Judith J.: «The Statue and the Clay», in: *Noûs* 32 (1998) 149–173. – Van Inwagen, 1990 (siehe Literatur zu Kap. 5). – Varzi, Achille: «Mereology», in: *SEP* 2015. – Wiggins 2001 (siehe Literatur zu Kap. 5).

Kapitel 7

Lowe 2002, Kap. 8–13. **Zu 7.1:** Casati, Roberto/Varzi, Achille: «Events», in: *SEP* 2014. – Chisholm, Roderick: «Events and Propositions», in: *Noûs* 4 (1970), 15–24. – Ders.: «States of Affairs Again», in: *Noûs* 5 (1971), 179–189. – Davidson, Donald: *Handlung und Ereignis*, Frankfurt a. M.: Suhrkamp 1985. – Higginbotham, James/Pianesi, Fabio/Varzi, Achille (Hgg.): *Speaking of Events*, Oxford: OUP 2000. – Kanzian, Christian: *Er-*

eignisse und andere Partikularien, Paderborn: Schöningh 2001. – Kim, Jaegwon: «Events as Property Exemplifications», in: Brand, Myles/Walton, Douglas (Hgg.): *Action Theory*, Dordrecht: Reidel 1976, 159–177. – Stoecker, Ralf: *Was sind Ereignisse? Eine Studie zur analytischen Ontologie*, Berlin/New York: De Gruyter 1992. **Zu 7.2:** Beebee, Helen/Hitchcock, Christopher/Menzies, Peter (Hgg.): *The Oxford Handbook of Causation*, Oxford: OUP 2009. – Carroll, John W./Schaffer Jonathan: «Causation and Laws of Nature», in: Sider/Hawthorne/Zimmerman 2008, 65–108. – Koons/Pickavance 2015, Kap. 3. – Loux 2002, Kap. 6. – Schaffer, Jonathan: «The Metaphysics of Causation», in: *SEP* 2014. **Zu 7.3:** Groff, Ruth/Greco, John (Hgg.): *Powers and Capacities in Philosophy*, New York/London: Routledge 2013. – Marmodoro, Anna (Hg.): *The Metaphysics of Powers. Their Grounding and their Manifestations*, New York: Routledge 2010. – Molnar, George: *Powers. A Study in Metaphysics*, Oxford: OUP 2009. – Mumford, Stephen: *Dispositions*, Oxford: OUP 1998. – Ders./Anjum, Rani Lill: *Getting Causes from Powers*, Oxford: OUP 2011.

Kapitel 8

Chalmers/Manley/Wasserman 2009. Siehe auch die Literatur zu 2.5.

Sach- und Personenregister